いのちのガーデン

北の森で暮らす
車椅子の
ガーデナー

山崎亮子

家の光協会

森の庭からこんにちは

北海道の気持ちのよい初夏。

森に抱かれた
野原のような庭で

野の花のように
バラが咲き始めます。

私の庭の花たちには
肥料もたまにしかあげません。

おかげでバラたちは
茎が細くて小さいけれど
握力もあまりない私は
茎が太いと剪定も出来ないので
そんな具合でちょうどいい。

花も小さく少ないけれど
花がらつみに追われる事もないので
体力的にもちょうどいい。

虫の駆除もしていません。

バラのまわりや
花壇のふちは
いちおう雑草を抜くけれど

あらゆる雑草が生えるなか
バラも一緒にゆれています。

それでも
病害虫に弱いとされるバラだけが
虫のレストランになる事はなく

雑草と同じように
ほどほどに食べられつつ
元気に
過ごしています。

わたしも

ワンコも

植物も

虫も

みんなそのまま、あるがまま。

今年も咲いたね
いい香りね

愛着あるバラを
愛でながら

ひんやり
つややかな
花びらに
そっとふれる
ひとときは

見事な花より
嬉しくて

わが家が
いちばん嬉しい
私です。

目次

夏のマオイの丘からの風景。北海道らしい農村風景が広がります。

写真

冬、木々の間から差し込む朝日。

真冬の森は銀世界。

この土地と出会うまで

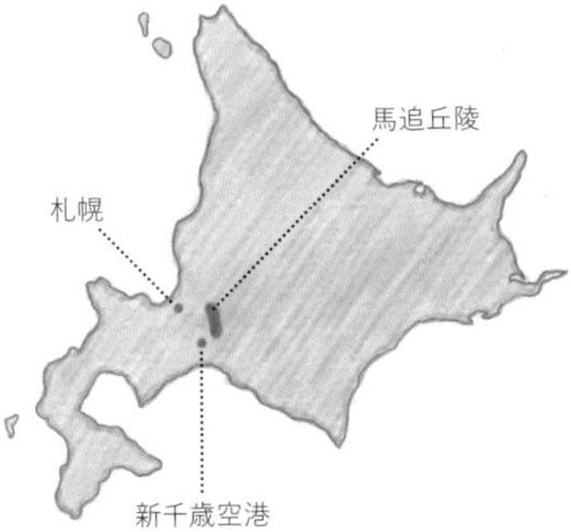

北海道の真ん中より
少し西のあたり
アイヌ語でマオイと
呼ばれる丘に
「森の庭」があります。

「森の庭」があるのは、北海道のまん中より少し西あたり。

この地域には、アイヌ語で「ハマナスの実があるところ」という意味のマオイという名がついた、馬追《マオイ》丘陵が広がっています。

もともと住んでいたのは丘陵地帯ではなく、もっと町場に近い方でした。家を建てようと、自然豊かな場所を探しているときに出会ったのが、この馬追丘陵の森の土地です。周囲の環境も含めて、一目でこの土地を気に入りました。

札幌からは車で1時間、新千歳空港から車で30分くらい。まわりには牧場や畑が広がっていて、働く若い世代も元気な農業地帯です。それに、作家さんのアトリエや、個性的でおいしいレストランや喫茶店が多く、ドライブにうってつけの地域だと思っています。

夏は涼しく30°Cを越えることはまれで、とても過ごしやすいです。反面、冬が11月～4月頭までと、およそ半年に及び、厳冬期は3～4か月雪に閉ざされます。まれに、最低気温は－20°C近くになる厳しい気候です。

そんな馬追丘陵の森の一角に家を建てました。そして、「森の庭」を作り始めたのは2005年のことです。

森の庭と私のこと

私がいちばん
美しく感じるのは
親しみ深い
郷土なの。

私は馬追丘陵から車で30分ほどの住宅地で、子ども時代を過ごしました。なんといっても楽しかったのが、手付かずのまま自然が残された、近くの原生林での冒険です。北海道の森の早春は、林床の一面に小さな花が咲き、どんなファンタジー世界よりも綺麗です。まだ若葉の萌えぬ梢の向こうに明るく空が広がり、コブシや山桜も花をそえます。私は森の魅力に取りつかれ、仲間が探検ごっこを卒業した思春期になっても、森を第二のわが家のようにして過ごしました。高校時代はハイジと呼ばれていたっけ。

思い返せば、私はずっと森のかたわらで生きています。就職先は森や野原の遊び場を備えた幼稚園。夫は子ども達と一緒に遊んだ職場仲間です。子どもを授かった時も、自然の流れのように自然の中での子育てを夢見て、この土地と出会いました。

今はもう面影がありませんが、ここはカラマツを代採した直後の木々がまばらな土地でした。わが家はくぼ地ですが、当時は、雨のたびに表土が流れてしまい、土でむき出しの急斜面に家が囲まれていました。森が好きな私にとって、わびしく感じる環境でした。

十数年を経て、写真のように緑も豊かに育ち、斜面は一面、若木の林になりました。遠くせせらぎの音を聴きながら、鳥やリスと共に過ごす日々の中、私自身、かつてのわびしい風景を重ねることは難しくなっています。

2022年の6月の庭の風景。

庭しごとのはじまり

朝起きて窓の外を見た時
心から美しいと
思える景色を
作りたいと思いました。

　移住当初、違和感があったのが一部だけ削られた南東の斜面。ですが、小屋があれば別の景色になるかもしれません。高い場所なので塔をイメージして設計し、工房に依頼。製作者の方のおかげで、頑丈で優美なカーブを描く屋根を持った小屋ができました。見た人はそろって「ムーミンみたい!」。……そのため名前は「ムーミンハウス」になりました。想像以上に心和む光景を作ってくれたムーミンハウスに勇気付けられ、私は工夫して景色を作るガーデニングの魅力にドップリはまりました。

　ガーデニングといえばイギリスのスタイルを取り入れたイングリッシュガーデンが浮かぶ方が多いかもしれません。ですが私は、北海道でふつうに育つ木や花で庭を作りたいと思いました。自分が一番美しいと思うのは、どこか遠い外国ではなく、愛してやまない郷土の風景だからです。木々を育て、自然が回復する後押しをしながら、花や作物を育てる、温もりある庭にしたいと願いました。

　暮らしの営みのなかで森を育む……。自分の庭を呼ぶならば「森の庭」がピッタリときます。

2004年の、土でむきだしの斜面。

野の花とともに土を育てて

どんないのちも、いのちに生かされていると雑草として咲く花が教えてくれました。

土は、野の花が育ててくれました。庭は当初、石や粘土交じりの赤土で、穴を掘って土壌改良して花を植えても、底に水がたまって根腐れを起こし、極端に生育が悪い状態でした。そんな中でも元気に育ったのが、荒れ地で育つ、強い外来種の花たちです。オックスアイデージーやノギクが育つと、根が張った範囲の土が黒土へ変わっていきます。「花が土を育てている！」……命の連鎖の誕生を目撃したように感じ、ぞくぞくしました。

目を付けたのが、周囲の森の土です。森は木が倒れるなどで地面に光が射し込むと、「陽樹《ようじゅ》」と呼ばれる生長の早い木々が芽生えます。ならば、種から陽樹を育ててみようと、子どもと遊んだ帰り道に、砂遊び用の小さなバケツ1杯の森の土を採取して、種のかわりに庭へと蒔きました。含まれていた種は驚く量で、シラカバ、ヤナギ、ハンノキといった陽樹が育ち、森の庭の景色を作っています。

この土地で草花と歩んで十数年。庭の景色は、赤ちゃんを抱いたときに思い描いた夢のとおりです。森のなかの一軒家……。春は鳥が歌い、季節の花が咲き、果樹や野菜がぽっちり実る、自然のなかの素朴な暮らし。静かな満足に満たされています。

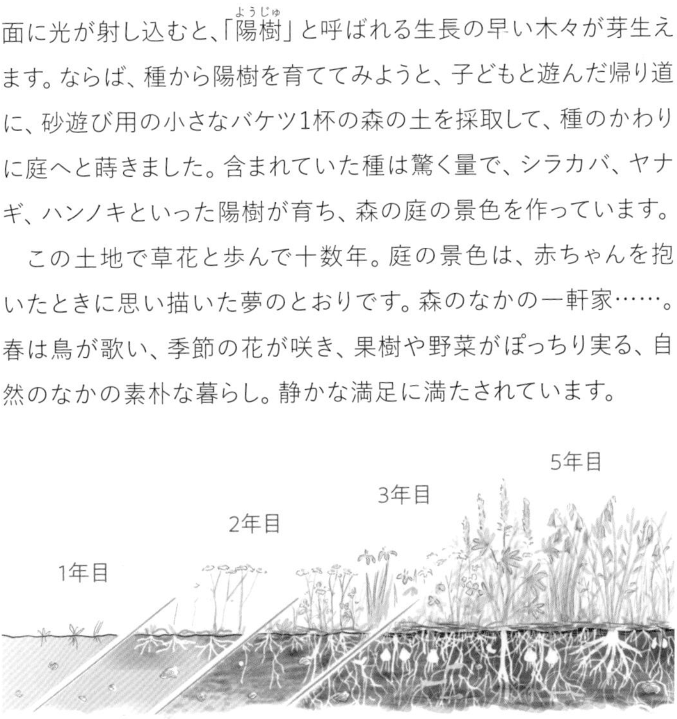

Essey 私の転機

車椅子のガーデナーになるまで

庭づくりを始めた頃は、元気に力仕事をこなしていましたが、神経筋疾患により身体が不自由になりました。ほんの少し歩けるものの、座っていられる時間も限られ、握力も2～5kg。呼吸にも影響が出ており、電動車椅子に人工呼吸器を積んで生活しています。2023年に入りようやく、根治は難しいながら症状が軽減できる治療もわかってきましたが、いまだ病名ははっきりしません。紆余曲折の闘病生活をお話ししたいと思います。

途方にくれた日々

発症は2010年、39歳の頃です。よく転ぶようになり、腰から太ももにかけた激痛に悩まされるようになりました。整形外科をいくつも回りましたが、歩行がますます困難になっていき、大学病院に入院。その頃には階段も上がれなくなっており、きちんと治してから復帰しようと、パート先の学童保育を退職しました。

やっと原因が分かり治療に入れる……。もう安心……、と思いましたが、何も分かりません。院内の色々な診療科を転々とした挙げ句、半年後に再評価をすると言われた時は呆然としました。1日でも早く回復したいのに、半年も何の治療も受けられないなんて。その時、永遠に思えた半年が、10年間も続く事になりました。

人と接するのが辛くなる

はっきりとした原因もわからないまま、満足に歩けなくなり、どうしたら良いか分からなくなりました。友人が「どうしたの？」「何の病気？」と心配して聞いてくれても、説明できません。復職の打診に、きちんと返答する事も出来ません。学校の役員、婦人部の活動……、何もかも参加できず、申し訳なさが積もっていきます。「みんな心配してるんだから、お店にくらい顔を出しなよ」。そんなあたたかい気持ちに応えようにも、駐車場から売り場まで歩いていき、立ち話をするなんて、とても無理……。

私は長女で、一人暮らしの父の生活を支えていました。以前のようにはできない私に対し、不安が募っていくのか、「役立たず」などの暴言が飛び出すことが増えました。普段の生活は杖が、外出には車椅子が必要になっていました。

自分を恥じて

当時から難病の疑いがあった事から、1日でもはやく的確な治療を求め、脳神経内科に通い続けました。ところが、心因性だと言われます。転院するつもりで精神科を受診しても「精神症状ではない」と、紹介元に戻されます。それでもまた別の精神科へ紹介され……。いわゆる「たらい回し」です。治るなら診療科はどこでも構わないのに、どこに行けばいいのかさえ分かりません。精神科の受診だけでも10か所に及びました。

とある脳神経内科の先生から「精神的な症状だと、心の底から自覚すれば、すぐ普通に歩けます。本当はどこも悪くないんですから」「人格が未熟な思春期に多いんですよ。同情を誘いたいのでしょう」とまで言われ、深く自分を恥じました。精神の病気ではなく、何らかの神経筋疾患だと分かるまで、何年も苦しい時間を過ごしました。

孤独の中で自分を責める

精神的な症状とされていた期間、私は「助けて」と言えませんでした。今も苦手です。それでも今なら思います。病院で「異常がない」「エビデンス(根拠)に欠ける」と言われても、行政から「診断書がないなら支援を受ける手立てがない」と言われても、そんな状況に「困っている」「助けて」と言っていいんだよ……と。

しかし当時は、病院で「病名を確定する根拠に欠ける」と繰り返し言われるうちに、助けてと言ってもいい「根拠」

すら無いように錯覚していました。

忘れられないのは子どもの参観日です。雪で車椅子は使えず、何度も転びながらようやく玄関へ。静まりかえった校舎の階段をはい上り、2階の教室に着いた時は授業が終わる寸前。息子の「1/2成人式」の発表が終わった後でした。SOSを出せばきっと誰かが助けてくれたのに。

「お母さんに"ありがとう"って言ったんだよ」

無邪気に教えてくれた息子の笑顔が、今でも忘れられません。時間が戻せるならば、聞いてあげたいです。

雨に打たれて下を向いても、花はまた上を向くから

満足に歩けないのに、広い庭なんて無謀なようですが、実はこの庭は、住宅地の実家の庭より手がかかりません。野山を模して育てる庭に、北海道らしい草木が生えるのは喜びであり、「雑草」ではないからです。もしも、素敵なイングリッシュガーデンを育てるのが憧れだったら、きっと挫折感を味わうばかりだったと思います。自由に何かが生えていくにつれ、庭は北の大地とのつながりを深めていきます。庭に生きる私の意識も、広々と広がっていく心地でした。

無心に庭と向かうとき、私は何者でもなくなっていきます。花がどんな咲きかたをしようと花は花でしかないように、私

はどんな私であっても、私でしかありません。ありのままでいいと、それまでの最悪な自己評価を手放しました。

雨に打たれて下を向いても、雨が止めば上を向く花に勇気をもらいながら、「不明」ゆえに、病院や福祉事業所から迷惑がられても前を向きます。動けぬ身ながら、種を風や生き物に託し広がる花にならい、飛行機に乗ってより高度な医療機関に通うなど、行動の幅を広げていきました。行動することで、病名がわからないながらも、何らかの神経筋疾患らしいことが、やっとわかってきたのです。

分からなくても治らなくても、前を向くと覚悟を決めて

ところが病状は進行し、歩くのはおろか、座り続けることすら難しくなっていました。日常生活が負担になり始め、無理をしては寝込む、その繰り返しです。当時は夫もまだ現役、息子は高校生。まだまだ主婦として、母としての役割を担っている最中でした。日中の大半をベッドで過ごしながら「これからどうしよう……」とネットで情報収集をしていた折に見つけたのが、今の電動車椅子です。

狭いキッチンや廊下も、急な坂やちょっとした段差も走行できて、身体を支えたり休んだりできる車椅子。「これだ!」と思いました。この車椅子があれば、まだやれると希望がわき上がりました。今はさらに人工呼吸器に助けても

らうようになったものの、出会った車椅子とともに、自分らしく生きています。

今日も私らしく生きていく

電動車椅子に乗って庭に行くのは、私と家族にとって、特別なことではありません。ここに引っ越してきた日から続けている日常を、当たり前に続けているだけ。

しかし、障碍が増えても変わらずにいるためには、どうすれば今の自分でもできるかを常に考え、変化し続ける必要があります。今も毎日チャレンジしています。

車椅子で生活するためには、スロープを造ったり、ぬかるむ道を固まる土で舗装したり、大がかりなものから、ちょっとしたDIYまで、具体的な整備が必要で、前向きな気持ちだけで解決はできません。自宅が車椅子の自分と、普通に歩ける家族や友人、愛犬たちにとって、分けへだてなくくつろげる場所となっていることを、宝物に感じています。家族が私のために工夫し、汗を流した賜物だからです。

私は天候さえ許せば毎日を庭で自由に過ごします。ワンコたちは待ってましたと大喜びで付いてきます。おおらかな暮らしはきっと、とびきり大きな愛情の形です。

庭が真ん中のナチュラルライフ

私は朝、目を開けていちばん最初に窓を見ます。
光の加減や雲の流れで、おおよその天気と時間を感じとり、
時計を見るのはそのあとです。

景色は美しいカレンダーのように1~2月の純白の雪景色から、
3月の雪解け……4月の芽吹き……5月の花畑……
そして新緑へと移っていきます。
季節の訪れを告げるのは香りです。
これは土の香りでしょうか。緑の香りでしょうか。
蒸し暑い夏が来るまえのムンと濃くなる土の香り、
初霜が近づいてくる香り……なぜか景色を変えるより前に、
ほのかに大地の香りが変わります。

季節ごと、自生する植物や植えたハーブを加工したり、
咲いた花を中心にインテリアに生かしたり、
野菜や季節の果物を収穫して
暮らしの中で役立てています。

花は実家や友人知人から譲り受けた花が多く、
花開くたびに思い出もいっしょに花開きます。

森や庭から贈り物を受け取りながら送る
暮らしぶりをご紹介します。

MAP

庭の地図

物置き
畑
P
浄化槽
たき火コーナー
若木の林
ひみつのいす
砂場
パラソルツリー
ムーミンハウス
まさ王の道
井戸
ひろば
倒木のいす
野原
N

私の庭しごと

私が庭に行くときは、まず人工呼吸器のコンセントを抜いて内部バッテリーに切り替え、コードを巻いて、呼吸器を入れたバックにしまいます。

足がグラグラしないための装具靴を履き、排尿するための管や袋を、動きやすくするために腰に巻いて、外から見えないようにスカートで覆います。

人工呼吸器のホースは服のニュアンスに合わせたリネン(麻)のカバー。やっと病人から、私らしい出で立ちになって、庭へと繰り出します。

車椅子も人工呼吸器も電化製品ですし、もともと握力2〜5kgと力も弱いので、夏でも水やりはできません。植え付け時に500mLのペットボトルで根元にだだーっとかける程度。

雑草と同居する庭ではアブラムシなどの虫はバラよりヨモギやギシギシが好きらしく、そちらにごっそりついた茎をチョンと切って、遠くへ……といっても庭の中ですが……ポイして虫とり終了。落ち葉などは随所でそのままにして、腐葉土にしています。循環ガーデニングです。

夏の草抜きはジギタリスなど、こぼれ種で増える花が発芽して欲しいところだけ行います。そんな程度では至らないことばかりですが、それでもこうして咲く花が私を肯定してくれています。

石垣とバラの花壇をつくる

土を掘ったら出てくる、砂利より大き目の石を積んで石垣を作り、中で腐葉土を作りバラを植え込みました。お金が無いけれど花を植えたかった頃の工夫です。

花よりワンコ

私より張り切って勢い良く庭に出かけるのがキャバリアキングチャールズスパニエルの「ノノ」と「リン」。私が庭に出るときは、ワンコのご褒美用のドッグフード5gが、庭道具の入ったカゴと同様、必需品です。

おっとりしたノノはもうすぐ8歳のオバチャン犬。リンは成長期のヤンチャ坊主です。

リンは庭に出るたびに大はしゃぎ。自分でフリスビーを持ってきて「遊ぼうよ」とおねだりし、庭じゅう駆け回っています。赤ちゃんといっしょで何でも口に入れるので、目が離せず大変ですが、目を離せない可愛さです。一方のノノさんは辺りの臭いをクンクンかいで確かめると、家に帰ってお昼寝するマイペース犬。なのに私が疲れたら誰より早く察知してペロペロなめてくれたり……。言葉のいらない関係で、胸が締め上げられるくらい可愛いです。

テンポが違えど仲良しの2匹と私は寝るときもいつもいっしょ。私の日々は、「花よりワンコ」なのかもしれません。

元気な人にとって簡単な事もままならない日々をイライラも絶望もせずに過ごせるのは、きっと愛犬たちとの優しい時間のおかげです。

家に来て数日のリン。

おだやかノノさん。

すくすく成長したリン。

奥はまだ若いノノさん。手前は初めての犬、ユピー。

森の庭の四季／5月

- 平均気温…11.4℃
- 最高気温…16.7℃
- 最低気温…6.9℃

いっせいに花開く5月、森の庭は一面の花に覆われます。
平均気温11～12℃ながら日差しがポカポカとあたたかく
極寒の冬を越えた喜びでいっぱい。
小鳥の歌声が高らかに響く森の庭です。

5月

in May

幸せな時間のなか
かすかにきこえる
せせらぎの音
木々のざわめき
鳥の歌

黄金のスイセン

スイセンと一緒に咲くのは、丸いプリムラ・デンティキュラータや、青い小花が咲くプルモナリア。
黄色いスイセンを青系統の花が引き立てる相性抜群の組み合わせ。

本格的な春は、黄金色のスイセンが運んできます。

息子の初節句の春、鯉のぼりを立てた借家の庭で、祝うように咲きはじめた祝福のスイセンです。引っ越すときにいただいた20球ほどを大切に増やし、今では数えきれないほどになりました。

スイセンが咲く頃、いつも思い出す情景があります。

私が幼い頃、父は、悩みが高じると故郷を思い出す森に出かけました。そんな時、母は「子どもたちも連れていって」と頼みました。

後に母から「お父さんに娘との時間を持ってほしかった」と聞きましたが、不機嫌な父と暗い森の組み合わせは恐怖でした。置いていかれたらどうしよう?

その日も私は父のあとを必死で追いかけていました。すると空き家がポツンと建つ、明るい野原に出たのです。

まるで魔法のようでした。

誰もいない家は、お菓子で誘いこむ事もなく静かにたたずんでいます。あたり一面、まるで星空が舞い降りたような黄金の花。足を運ぶたびに舞い上がる、えもいわれぬいい香り。ここは別世界でしょうか?

星降る花に夢中な私に「花……つんでいいよ」と父の声。振り向くと父の顔に満面の笑顔が……。それが記憶に残るなかでの父の最初の笑顔です。

以来、森は、私の幸せな居場所になり、友人と薄暗くなるまで遊んで、悩みがあれば森を歩き回りました。やはり父の娘ですね。

わが家が祝福のスイセンに包まれるとき、あの日見た家はここだったのかもしれないと思います。

まだ造成中の、左の写真と同じ場所。土手に雑草を土留めにした土塁を作り、石垣を積み上げました。

庭で弾むくらし

真っ白な花に包まれたいと、全部で5株のジューンベリーを植えています。収穫は7月。多くを鳥と分けあいっこ。

5月半ば。黄色いスイセンが終わりにさしかかる頃、ジューンベリーの花が満開になります。

北海道の春は、長い冬の間ずっと眠っていた花たちが「待ってました！」と言わんばかりにいっせいに咲き始め、目まぐるしいほどです。自然と心もウキウキとステップを踏み始めます。

まだ木の葉が開ききっていないので、枝を透かした空はどこまでも広く、空を清々しく眺めながら花に包まれ、夢心地で毎日が流れます。

花が次々と咲き、いきいきと生命力あふれる庭を見ていると、生きている喜びを感じます。

庭が人生を豊かにしてくれていると感じる季節です。

満開のヒアシンスを摘んでブーケに。ガーデンルームでつるすと、花のカフェカーテンの出来上がり。

庭のヒアシンスも咲きはじめます。来年も立派に花を咲かせるために、種が付く前に摘み取ります。テーブルに飾って楽しんだあと、しおれないうちに風通しのいい場所でドライフラワーにします。

木陰では、春一番から咲くクリスマスローズが花開いており、ヒアシンスの終わり頃がちょうどクリスマスローズの見頃が終わる頃です。いっしょにドライにする頃、春も最盛期を迎えます。

春は山菜も美味しい季節です。庭や畑には何種類もの山菜があって、手軽に採っては美味しくいただいています。

息子が子どものころは大喜びで率先して採っていたっけ。20代の今はそんな余裕もなく、仕事帰りや休日に「そんなに丁寧に、何でも食べようとしなくていいんだよ」なんて気遣ってくれますが、丁寧に手をかければ愛おしくなり「まあいっか」と思えば面倒になるのが、暮らしだと思うのです。

「毒出しだ～」なんて、うんちくを並べながら、あえて手をかけて、買った野菜では味わえない恵みを気楽にいただくのは山暮らしの楽しさです。

ハナカイドウも花開き始めます。

タラの芽は北海道では「タランボ」と呼びます。収穫して天ぷらに。

幸せの花畑

スイセンが一勢に花開くときが私の幸せのひととき。

かつての私の日課はトレッキング。早春の森は花いっぱいで、毎日通ったものです。だから身体の異変に気付いたのも森でした。慣れた山の斜面を登れず……それきり。私は喪失感を埋めるよう庭に夢中になりました。

当時は症状を精神的とされ、自尊心はマイナス。煙のように消えたいと思う日々を、庭が癒やしてくれました。なのにエゾリスが増え、チューリップを全部食べてしまったのです……。許すまじ。

エゾリスの食べられないスイセンにしようと、パート代を細々貯めた貯金の全てを‘サーウィンストンチャーチル’に使いました。ターシャ・テューダーの「ありったけのお金を、ひとつの花に注いだら豊かな気持ちになれる」という言葉を信じようと思ったのです。

地面を必死にはっても、植えられるのは1日およそ30個。買った球根は600球です。なぜこうまでして花が見たいのか、わからなくなるほど疲れ果てながら、何とか植えきったとき、私は達成感でいっぱいで、もう「消えたい」と思っていませんでした。

待ち望んだ春。庭を花が満たしていました。土砂が流れてむき出しだったはずの土手も、いつの間にか若木の森となり、美しい背景となって庭を包んでいました。その瞬間、私にとって目に入る全ての命が、夢を一緒に叶えた仲間に見えました。

何よりも、花向こうのわが家が美しいと、しみじみ思って家路についた時の、真っ直ぐ降りてきた幸福感を、私は生涯忘れません。

幸せな、なんてことのない普通の日

雪の下から地面が出るころ、夫が定年を迎えました。3月に入っても「まだ働く」と言っていたので、心の準備ができないうちに迎えた夫婦二人の生活です。

夫は何を思ったか「オーバーオールが欲しい」と言い出し、ガーデナーに変身。庭と格闘を始めました。

あれ？　庭に興味無かったんじゃ？

戸惑う私をよそに、枯れ草や枝を、1本1本きっちり揃えて一輪車に積んでいます。「熊手で集めたら？」の助言を無視し、1本、1本。

なぜ、そんな面倒くさいことを……。「だったら自分は？」と胸に問えば、自分のテンポでするから楽しいわけで、ゴチャゴチャ言われたものなら、「てやんでーい！」とちゃぶ台をひっくり返したくなるだけです。

だからお任せしたものの、私がこだわりを持って守ってきた庭を引っかき回されるなんて、本心はちゃぶ台返すくらいじゃ済みません。不安いっぱいのスタートでした。

それから1か月。いつのまにか私から夫の力をあてにするようになりました。夫が、私がとっくにできなくなっていた力仕事をこなしてくれるかたわらで、自分ができる株分けや草抜きを着々とすすめると、荒れかけていた庭が整っていきます。ここ数年、できない事が増え

球根のかわりに、ヒマワリの種をあげる、リスのためのカフェがほしい、という頼みにこころよく応じる夫。
この「エゾリスカフェ」に毎日、リスが来るのが夫婦の楽しみに。

ていき、諦めることばかりだったのに。
「働いている時より、忙しいなあ……」
夫は、満足そうに笑います。「昼寝付きだから良いけどね」

かわいげのない事を言う夫のドヤ顔に、なぜこんなにも安らぐのかな……。

いい歳を迎えた私たち夫婦の日常は、庭しごとを中心に、休日も平日もかわり映えなく流れていきます。

老いて小さくなったはずなのに、なぜか出会った30年前の何倍も頼もしく見える、夫の背中。

いち段落して休む私たちの足元で、ワンコのノノとリンもお昼寝中。

たぶん明日もこんなふうに、なんてことのない普通の日が、穏やかに流れていくのだと思います。

私たちより前からここで生きていたコブシが見守っています。

花とともに新緑が萌える

5月末、私が幼木や芽出しからかわいがっていた木々が、緑の葉を広げます。

木々の中には、飢えたネズミやシカが樹皮を食べ、枯れてしまった木もたくさんありました。よく冬を乗り越えたね……、と木々を見上げたとき、親戚の子の成長を見守るかのごとく、愛おしくなります。

物置の土台から芽吹き、零下の気温のなかで縦に幹が割れ、それでも元気に葉を広げているシラカバなんて、なかなか切ることができません。

物置、もう傾いてしまいそうなんですけれど……ね。

木々の織り成す緑のステンドグラスのなか、響き渡る鳥の歌。足元には芽吹く草花。エゾリスカフェ(p.41)に来るリスのお腹には、授乳中のしるし。

いのちが萌える森の庭です

この時期のピンク系の花は、なんといってもチューリップ！ ‘ピンクダイヤモンド’や‘アンジェリケ’などの八重咲きの品種は、遅く咲く傾向があって、黄色いスイセンの花の後に咲かせたいと、よく選ぶ品種です。

Column

ビンに花を生ける

何本も高低差のあるビンを集めて生けると、リズムが生まれて楽しげなアレンジになります。ナチュラルにまとめるコツはビンの数を奇数にし、少しジグザグに並べること。両端が大きく（または高く）、真ん中は小さなビンにするとまとまりが良くなります。

大きな器に花を生ける

あたかも
群生しているように、
大きな鉢に
たくさんの花を
生けるときも、
ビンが活躍します。

牛乳ビンをつるして生ける

カーテンタッセル用の金具に牛乳ビンを。
窓の光や景色がイキイキします。

作り方

❶細くて丈夫なワイヤーをひねってつるし、丸く輪を作る。
❷牛乳ビンに花を生けて、❶にくくり付ける。
❸ワイヤーを隠すように、リボンを結ぶ。

カゴに生ける

カゴの中に
たくさんビンを入れると、
カゴいっぱいに花が咲いた
ような花籠を作れます。
左下の写真は、摘んだ花を
いっぱい挿したアレンジ。
グリーンが多いと
花が引き立ちます。
面倒な草抜きのあとは
摘んだ草で作る
嬉しいフラワーアレンジ。
ガーデナーの特権です。

ジャガイモの花のアレンジ 小さな花を身近に

雑草の花や野菜の花も、
よく見ればとても愛らしいものです。
ちょうどよいサイズの小ビンがあれば、
いつでも、小さな花たちを身近で楽しめます。

森の庭の四季／6月

- 平均気温…15.6℃
- 最高気温…20.5℃
- 最低気温…11.9℃

6月が近づくと、毎日の最高気温が20℃を越える日が増え、
上着のいらない季節がやってきます。
草花もぐんぐん生長し、ルピナスの花穂が伸びると庭の景色が一変。
丈高く花が咲きエゾハルゼミがにぎやかな声を上げる、
ほがらかな初夏が来ました。

6月

in June

草花ぐんぐん
いまにも音が
聞こえそう

木々で草で花の中で
虫たちがうたう
いのちをうたう

ルピナスの季節

季節が夏へ動き出し、エゾハルゼミが賑やかな頃、ルピナスが花穂を高く伸ばします。

生長は驚きの早さ。あっという間に私を花のなかにうずめてしまいます。長い花穂がザワザワと風に揺れ、波打つ海のようです。

同じ時季にアヤメも深い青色の花を開き、庭が一面に青く染まります。背の低い私は、深々と海に潜る心地です。

ルピナスは借家時代のお隣さんから種をいただきました。ありとあらゆる色のルピナスが咲く庭で、私が選んだのはありきたりの紫。ですが、紫のなかでも微妙に藤色がかった優しい色を選びました。

もしかすると紫とピンクの花粉がハチに運ばれて受粉した花の種だったのでしょうか？

種を頂いた株は1本なのに、桃色から紫のグラデーションになりました。けれども変わらず藤色が好き。

淡い色の子孫だけが残るように、嫌いな色はササッと切って、好きな花だけ、種を付けさせます。咲き終えて、花色が分からなくならないように、好きな花には、キッチンペーパーのリボンで、目印を付けるのがこだわりです。

逆光でステンドグラスのように輝くルピナスが好き。混ざり気のないアヤメの青さ。いつまでも眺めていたい初夏の庭です。

ハナアブやミツバチが花のなかへ忙しそうに出たり入ったり。美味しい蜜でいっぱいのようです。
冷涼な北海道では宿根しますが、暑さに弱く多くの地域で一年草として扱われます。

分球したスイセンを植え直すのがルピナスの季節。
堆肥を入れた土に、間かくを空けて植え直します。

ルピナスの種。小さな豆が並んで愛らしい。
採っておいて、咲いて欲しい場所にパラパラ…。

青いヒオウギアヤメと白いシベリアアヤメが混ざり咲きます。

デージーの思い出

結婚してすぐ住んだのは、義母が育てたカンパニュラや真っ赤なポピーが、玄関前を明るく彩る可愛らしい家でした。

ポピーの花壇の真向かいには、ほったらかしの空き家があって荒れ放題でした。なんとまあ、雑草が道まではみ出て、てんこ盛り！　その中にオックスアイデージーも混ざっていました。

ある日、義母がいいました。

「……りょうこさん、あれ、いい花だな」

確かに！ 白いデージーと赤いポピーがいっしょに咲いたらお互い引き立つのは間違いありません。

「いっしょに採りに行くべ？」

夜のとばりが下りるころ、黒い服で身を固め、頭にスカーフをかぶった義母が言いました。その姿は絵本に出てくるドロボウさんそのもの。かえって怪しいのでは？　とも言えぬまま、私も作業着でついていきました。

いそげ、いそげと闇の中、花ドロボウは誰にも見られず大成功！

しかし、お互いの慌てっぷりときたら！

義母はスカーフがずれて顔が丸見え。私はオーバーオールの留め具が片方外れています。二人そろって汗まみれの泥だらけです。ひどい有り様に笑いが止まらなくて……楽しかったなぁ。

そんな思いまでして手に入れたデージーですが、急に白い花が加わったポピー畑と、一夜にしてキレイになった路肩を見れば、何があったか一目瞭然。

さっそく義母は、「見苦しい通りを、ボランティアでキレイにした」と、ご近所中から誉められる事となりました。

「……悪いことって、すぐバレるんだな」

困ったように照れる義母と、いっしょにお茶を飲んで笑った午後を、デージーを見るたびに思い出します。

シャクヤクの女王さま

深紅のシャクヤクを帽子に飾れば、気分は女王様!?

ルピナスが満開のころ、シャクヤクが開きます。もしも自分の庭が持てるなら植えたいと、子どもの頃から願っていた実家の花です。

私は友人と野山を駆け回るのが好きな一方、運動オンチで不器用でした。体育はダメ。給食はひっくり返し、掃除もヘタクソ。歩き方まで少し変わっていて、母からよく「普通にしなさい」と注意されました。しかしどうすれば「普通」になれるか分かりません。

叱られてばかりの家の中、安心できる居場所は本と庭でした。子ども部屋には本格的な絵画を挿し絵に使った童話シリーズがありました。幼い私は忠実に描写された自然やドレスに見とれながら空想にひたって過ごし、華やかなシャクヤクが庭で咲くと、ドレスが開いたように感じ、夢中になりました。

プリンセスのような白い花もあるのに、悪女がまとうような深紅の花に心ひかれてやみません。女王様になって魔法をかけてみたいなあ…。

そうして悪どい魔法を想像すると、まるで呪いをかけ終わったようにスッキリ。シャクヤクは魔法の花でした。

シャクヤクが開くとき、いまでもイタズラっぽい想像が頭を駆け巡ります。心の底でとぐろを巻いているドロドロした想いはどんな呪いになって吹き出すでしょうか。誰をカエルやヘビに変えましょう? あの人は…カエルと言うよりカッパかな?　魔法はいまだに健在です。

……そんな魔法は抜きにして、ただの花として眺めても、シャクヤクは重なる花びらや、ベルベットのようなツヤもとびきり美しい、心ときめく大切な花です。

例年、散る前にドライフラワーにします。クリスマスシーズンには、いい感じに乾くので飾り付けにもピッタリ。(飾す工夫などは、「縦長のスワッグ」p.116にあります)

Column

ハーブでティータイム

庭のハーブが収穫できるのも、この時期。
季節にぴったりな使い方を紹介します。

ミントウォーター

ハーブの量★

スペアミントを水でゆっくり抽出するとスッキリした香りと清涼感がほんのり味わえます。簡単かつ美味しいお水に。

作り方

❶ミントを適量摘んで洗う。
❷麦茶のポットなどにミネラルウォーターと入れ、そのまましばらく冷蔵庫で冷やす。

フレッシュハーブティー

ハーブの量★★

オススメのハーブは、カモミール、レモンバーム、ミントなど。葉を軽くもむと、成分がすぐに出てきます。

作り方

❶ハーブを適量摘んで洗う。
❷沸騰したお湯を注いで、数分蒸らす。

ドライハーブティー

ハーブの量★★★

ひと手間かけて、カモミールなどのハーブを洗って適量乾燥させて保存すると、いつでもハーブティーが楽しめます。

作り方

❶ハーブを適量乾燥させて、ビンなどで保存する。

❷沸騰したお湯をポット等に注いで、数分蒸らす。

焙煎ハーブティー

ハーブの量★★★★

オススメのハーブは、スギナ、桑の葉、熊笹など。適量乾燥させて保存したハーブを空炒りしてからいれると、香ばしい香りと味が楽しめます。日本人に馴染みのある味わいです。

作り方

❶フライパンで色付くまで空炒りする。

❷ほうじ茶等と同じようにいれる。

Column

庭の常備薬

庭仕事では、肌荒れや虫刺されはつきもの。愛用はこの2つです。

カレンデュラのオイル

オイル※に対して5%の重さの乾燥させた花びらを清潔なビンに入れ、2週間ほど漬けて、ろ紙でこして完成。保湿効果があり、冬に重宝します。

※キャリアオイルと表示のあるものを使います。

スギナのチンキ

洗って干したスギナを焼酎に漬けておきます。蚊に刺されたときにぬります。

7月

in July

朝夕涼しい風が吹く
ほら 風に乗るように
花たちが香る
草たちがささやく

私の五感も応えよう

森の庭の四季／7月

- 平均気温…19.5℃
- 最高気温…24.1℃
- 最低気温…16.3℃

日本の多くの地域では、春が見頃のバラですが、
冷涼な北海道では7月が最盛期。
木陰に涼しい風がわたるなかで花が咲く、
涼しくも美しい夏が来ました。

私たちのバラ

‘ストロベリーヒル’の花がらを摘んで、家に飾ります。香りに包まれる幸せな時間。この香りは芸術だと信じてやまない私です。

‘コテージローズ’

‘ハーロウカー’

バラづくりに夢中になった幼い日の息子。

昔ながらの野の花を中心とした私の庭で異色を放つのが、愛してやまないバラたちです。

野の花ばかり可愛がっていた私に「花でいっぱいの庭が見たい」とバラをすすめたのは夫。正直、面倒だなぁ……と思いました。剪定や施肥など、覚える事が多すぎます。あげく花がしぼんだら、花がら摘み？ どれだけ手がかかるのやら！

ところが、植えてみると意外な育てやすさに驚きました。虫が食べても切り戻せば新しい枝が伸び、秋には花がふたたび咲き誇ります。

今も座ったままの私の目線に合わせ、低く小さく咲いてくれます。育て主の想いに寄り添うように咲くバラの包容力に私は夢中になりました。香りを吸い込めば脳内はバラ色です。

一輪も無駄にしたくなくて、雨が降るとカゴとハサミを持って飛び出します。家に連れて帰っては、生けたり、花を使って雑貨を作ったり。育てる前から花がら摘みを面倒だと言っていたのは自分なのに、変わるものですね(笑)。

当の夫は品種名も覚えていませんが、華やかになった庭を心から喜び、小学生だった息子まで自分のバラを欲しがって……。バラのおかげで、庭は家族共通の喜びになりました。

握力もなく、剪定は不十分。虫も食い放題。それでも健気に咲くバラが愛おしくて、今日も庭へ向かいます。

息子が小学生の頃から自分のバラとして植え育てている、‘セプタードアイル’。

夫の庭しごと

実は夫は筋金入りのガーデニング音痴。素敵な観光ガーデンに行っても「これが『素敵』なの？ わかんないなあ……」と思いきり盛り下げます。

植物の名前及び分類は「花」「草」の2つと非常にシンプルです。「草」とは単子葉類ではなく「雑草」を指し、園芸的に価値のある植物を「花」と呼ぶようです。

「草」と「花」の基準は摩訶不思議。去年は前年まで「キレイだなあ」と誉めていたデージーを、つぼみの段階で刈り取ってしまいました。理由もなく「花」から「草」に格下げです。

デージーたち、怒っていいよ。

美しい観光ガーデンを見ても、「今年もオカトラノオがキレイねえ」と言っても、「わからない」と言う夫ですが、ふとした瞬間に「キレイだなあ……家の庭って本当にキレイだなあ……」と空に溶け入るように笑います。

ガーデニングのうんちくも、植物の名前も、決して覚えようとしないけれど、愛着ゆえの充足感をいっしょに感じる、唯一無二の存在が夫です。

「キレイだなあ」をずっといっしょに見て

2012年の庭。夫が「うちの庭が一番キレイ」と
言ってくれるようになったのはこの頃。

いたくて、私はせっせと花を育てます。「これって草だと思った」と長靴で踏み荒らされては怒ったりしつつ「うちの庭ってキレイだなあ」で帳消しです。

　初夏はグングン草が伸びるので、夫は毎週のように草刈りをします。

「ああ、もう伸びてる……」と草刈機を担いで出かけた向こうで、バキューンバリバリ……と草刈機の重低音が響きます。

　花を美しく引き立てているのが、夫が整え続ける芝地です。

上／手動の芝刈機でコロコロと芝刈り。
中央／虫好きの夫さん「ミヤマクワガタがいたよ」。
下／畑ではマイペースに夏野菜を育てています。

庭と家をつなぐガーデンルーム

花やハーブをつっぱりポールに
干します（写真はドクダミ）。

壁をつたうバラ。

「洗濯ものも干すよ」（リン）。

冷たい風が家に吹き込まない北国の工夫、風除室。玄関に入る前の空間なので土足です。よくその家らしいものが置いてあるのですが、わが家は大きめに作って家具を置き、庭を眺めながらのティータイムも。よく使う庭道具や大工道具をしまう物置も、草花の手仕事のアトリエも、苗の温室も全部ここです。汚れを気にしなくても良い空間が、庭と人をおおらかに繋いでいます。

車椅子はいわば土足。とくに庭に出たあとは泥んこなので、土足でくつろげる空間に大助かりです。

室内から見た半円型のテーブル。

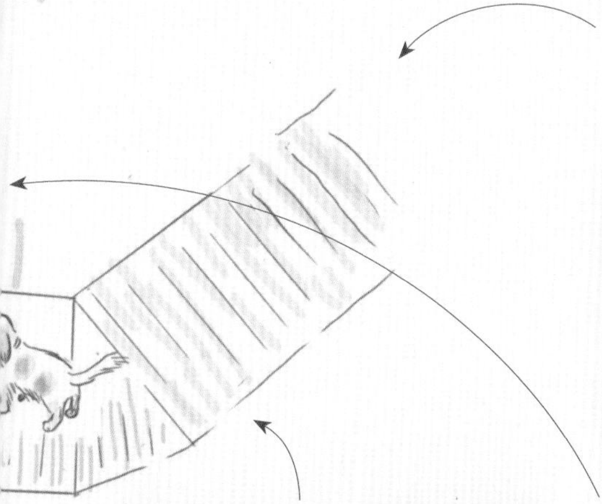

庭へと続くスロープ。

フェンスにそわせ野菜や花を育てています。

人気のエゾリスカフェ。

8月

in August

熱い太陽が照る
むんむんと土が香る

濃い緑の中で
燃える空気が
ひんやり安らぐ

森の庭の四季／8月

- 平均気温…21.5℃
- 最高気温…25.6℃
- 最低気温…17.5℃

濃い緑の中、
むん…と土の香り…
木々が吐き出す緑の香りに包まれる8月。
8月半ばのお盆まで蒸し暑い日が続きますが、
30℃を超える日は珍しく、
お盆を過ぎれば朝晩ぐっと冷えてきます。
短い夏を、ときに夜まで戸外で過ごしながら
満喫する夏の庭です。

焚き火にくつろぐ

2018年の北海道胆振東部地震で倒れた巨木は、2023年現在もまだまだ、たき木として、大事に使えそう。

森の庭では焚き火が欠かせません。薪を使ってお茶をいれ、戸外で調理を楽しみ、たまには夜に月や星を見上げます。薪を燃やすと、蚊も出てこないので一石二鳥です。

豊かな時間ですが、背景には森ならではの事情もあります。ひとたび天気が荒れれば大量の木の枝が庭に落ちてきますし、台風や大雪で15mにもなる巨木がドサドサ倒れるのも3度経験済みです。軒下1mをかすめた事があり、まだ1回も家や電線に直撃したことがないことを天に感謝しつつ、天候が荒れるとドキドキです。

……そんな事情で、庭には約4年前の倒木がふんだんに残っており、夫と息

←薪割りは、股を開いて腰をしっかり落として割ります。腕で割ろうとするとケガの元。愛用のオノと共に、息子に知恵やコツを伝えてくれた友人に感謝。

焼きトウキビがおいしい!

→皮つきのまま、おき火のなかへ。香ばしい焼きトウキビのでき上がり!

子が暇をみては椅子を作ったり薪にしたり。森暮らしの厳しさも、ぎゅっと詰まった薪ですが、パチパチはぜる音を聴きながら時を過ごすと、暮らしを一から手で作った静かな達成感に満たされます。

今年も庭仕事の合間に焚き火で軽食を作り、夏の夕涼みでは焚き火を囲んで夜空をあおぐことでしょう。

DIYの楽しい話

自宅のインテリア、室内外の家具……。さまざまなものをDIYで作っています。

私がデザインや設計、夫が製作を担当。最近は「テーブルを薪置き場に改造するのはどう?」と提案し「いいね。面白い! 材料なら壊れてバラしたフェンスが使えるよ」なんて夫婦で話が盛り上がりました。
「車椅子の足が入った方がいいよね?」「大丈夫。横から使えるよ」「ナルホド!」。楽しい夫婦会議が続きます。

さび止めに塗料を塗って焚き木台を製作中の息子。焚き火台は廃品のスツールです。三脚は使わなくなった冬囲い用の木枠、ヤカンをつるすのは太すぎて使っていなかった犬用のチェーン。廃品利用で完成しました。

青い野原でキキョウに思う

庭のヤマキキョウの高さは1mを越えます。元気いっぱいに、かき分けて走り抜けるリン。

もうすぐお盆を迎えるころ、夏の庭が青く染まるくらいキキョウがいっぱい咲き誇ります。

私の庭に咲くのは茶庭に咲く背の低い品種ではなく、日当たりの良い原っぱで自生している、背丈の高いキキョウです。生息地が激減し今や絶滅危惧種だそう。

そんな時代が来るなんて、想像もしなかった頃から実家の庭で咲いているキキョウを、大切に増やしてきました。

私にとってキキョウは、国語の教科書にのっていた『きつねの窓』の花。

きつねの子がキキョウで青く染めた指で窓を作ってのぞいたら、忘れがたい大切な思い出を見るお話です。

キキョウをいっぱい咲かせると、教科書で学んだ子ども時代に友人と遊んだ思い出がよみがえる気がします。

もしも、きつねの子のように指を染めることが出来たなら、ほかに何が見えるでしょう？

永遠に続いてほしかった、あの日を思いながら、子どもの頃に庭で遊んだように、キキョウの花でそっと指をなでてみます。

深く青い花びらから出た、透明なつゆが、ほのかに指をぬらします。

きつねの窓

安房直子・作
いもとようこ・絵
金の星社

児童文学作家、安房直子(1943〜1993)の代表作。青いキキョウが咲く畑で、子ぎつねにあった“ぼく”。きつねにキキョウで青く染めてもらった指で窓をつくると、その向こうには「初恋の女の子」など、さまざまな、大切な思い出が見える。1980年代以降、多くの国語教科書に採用された。

にぎやかに果樹園

ほんのり桃色の実も、磨くと真っ赤。白く見せていたのは、水分を蓄えるロウ物質の「果粉」のため。新鮮な証しです。

果物の木を育てるのは、長年の憧れでした。庭を持ってすぐ植えたのがリンゴの木。ムーミンハウスの裏手を果樹園にしようと色んな果樹を植えました。

その後、実家の両親の介護で家を留守にしがちになり、荒れた庭で果樹はほとんどダメになったのですが、ワサワサと繁っていたのが1本のスモモです。家族にスモモ好きは居ないので、なぜスモモを買ったのか誰も覚えていません。私にいたってはナシの木だと思い込んでいました。

「このナシ、なんで赤いの？　しかも柔らかいんだけど!?」と気味悪がる私に、夫は「これスモモじゃない?」。

思い込みって恐いです。せっかくのスモモを不気味果実かと疑ってしまうなんて。完熟スモモは酸味ゼロで、甘味たっぷりのとろける美味しさでした。私が「ナニコレ」と騒いだものですから気味悪くなって、数年たつまで食べなかったのですが、夫も今では楽しみにしています。

自分の庭には失敗はない

庭での時間に失敗なんてないと思っています。観光ガーデンで人をお招きするわけでも、収穫を出荷するわけでもない、自分と家族のためだけの空間です。「失敗か成功か」を決めるのは自分の心だけ。庭の果樹ならば、収穫量

スモモの木や桑の木など、剪定に強い木々は放射状に仕立てました。木陰がうれしい天然のパラソルです。

が少なくても、花が咲いて実が実る過程を楽しめたならハナマル。見た目が悪くたって、大事に食べれば宝物。たとえ実らずともいっしょに四季を刻めれば、大切な家族です。1本のバラ、1株の鉢植えも同様だと思います。今年もほら、出来不出来に関わらず、庭にぬくもりが溢れています。

8月末のある日。家族みんなでスモモを収穫。木で熟したスモモには酸味がほとんどなく、朝晩寒い気候の中でさらに糖度が増して絶品になります。

庭の果樹を楽しむ ❶

ブラックベリーで
ジャムづくり

ちょっとずつ色づくブラックベリーを、毎日、お弁当箱ひと箱ぶんずつ収穫します。収穫後は、すぐ冷凍。日を追うごとに収穫した実がたまっていきます。

母から教わった、あらゆるジャムの簡単な作り方。

❶果実と同量の砂糖で煮る。

❷ふたをするように砂糖を最後にのせて密閉する（日持ちが良くなる）。

庭の果樹を楽しむ ❷

使い方いろいろ
キャンディス

「キャンディス」とは、もともとドイツ語で氷砂糖という意味。昔は「シロップ」とも言っていました。

紅茶などの温かな飲み物にひとさじ加えれば、身体もホカホカ。ホットケーキなどにも手軽にかけて楽しめます。

寒くなる秋から冬がおすすめのシーズンですが、暑い夏にはサイダーで割ったりアイスクリームにかけるなど、季節を問わずに使えます。

夏は、アイスクリームに！

黄色がリンゴ、赤がジューンベリーのキャンディス。

自家製キャンディスの作り方

出来上がり200～250mL

用意するもの
- ●250mLのガラスビン…1ビン
- ●氷砂糖…50g
- ●好みの果物…50g
- ●ラム酒（ホワイトラム）…50mL

※おすすめの果物は、リンゴ、ベリー類、スライスした柑橘類や柑橘類の皮など。

作り方
❶ビンを煮沸消毒する。
❷氷砂糖と果物を瓶に入れる。
❸ラム酒を入れる。
❹ビンに蓋をして冷暗所で保存し、ときどき軽く振る。
❺2週間ほど後、氷砂糖がほぼ溶けきるか、これ以上は溶けない状態になれば完成！

※ラム酒が使われているため、未成年やお酒の弱い方にはおすすめできません。また飲酒後の運転は避けてください。
※取り出すときは清潔なスプーンなどを使い、ビンに雑菌が入らないようにしましょう。

庭の果樹を楽しむ❸

ハマナスティー

北海道の花にも指定されているハマナスはバラ科の植物。実際、北海道では多く見られる樹木です。

実をドライにすれば、ハマナスの「ローズヒップ」になります。

ローズヒップティーの一つ「ハマナスティー」は、北海道ならではの風味を感じられます。

↓実を切って、種や白いワタを取り除き、ドライに。ハマナスは順番に花を咲かせるので、実もいっぺんに熟しません。でも少しずつ作るから、作業もすぐ終わって苦にならない良い面も。

↓苦味なくすっきりした「ハマナスティー」は、アイスティーにしてもおいしいです。

森の庭の四季／9月

●平均気温…17.3℃

●最高気温…22.3℃

●最低気温…12.7℃

8月のお盆を過ぎると、庭の緑も落ち着いた色合いに変わります。
花も秋の花へと移り変わり、野菊があたり一面に咲き誇ります。
まだ夏の名残を感じる陽気を残しつつ、
いつの間にか一歩ずつ秋が深まりゆく9月の庭です。

9月

in September

気がつくと
夏のすき間に
秋の気配

だけど、ほら
新たな季節の
花が咲く

フロックスと母の思い出

夏が終わる頃、秋まで長く咲く庭の、引き立て役のフロックスが咲き始めます。節約家の母が、芽がいくつも付いた苗を買ってきて、ひと苗を半分に分けて植えた花です。チョロチョロだった苗が、今ではたくさん増えました。

子どもの頃に厳格だと感じていた母が、実はお茶目で可愛い人だと知ったのは母が晩年になってからです。

それまではというと、私が野の花が好きと言えば、「非常識」だとしかめ面。バラを植えれば「トゲが危ない」。

どうにも行き違いの多い母娘だとプンスカしていた時期が長く横たわっていましたが、今となっては漫才みたい。

苗を分け合ったのは母のガンが再発して間もない頃。急な連絡にとんで行くと、「葉っぱが白くてきれいでしょ？」とニコニコと苗を差し出す母。

……心配したのにそりゃないよ。

かつて嫁姑の関係に苦しんだ母は、娘に自分の介護をさせたくないと言いつつ、8年におよぶ闘病の多くの時間を私の手を借りながら自宅療養する道を選びました。

最後に長女である私に甘えつつ、子ども時代に甘えさせる余裕がなかった穴を必死に埋めるように、命を削って私をかわいがりました。

ある日パートから大急ぎで実家に戻ると「亮子、疲れたでしょう」と私の好物のハンバーグ……。すでに自分のお茶をいれる事すら辛かったのに。

介護は大変でしたが、介護がなかったら、私は、今の私の状態でほがらかに生きていけるほどの自己肯定感は得られなかったと思います。お互いが癒やされていく、幸せな時間でした。

この花の名前は、フロックスの中でも「ノーラレイ」という品種のようですが、私にとっては重荷を下ろした母からの無邪気な“応援花”。

そういえば向こうに旅立つ前に「広い庭を作るなんて身体を壊すんじゃないかと心配したけれど、雑草も花もいっしょに楽しんで、あくせくしない。こんなやり方もあるんだね。やるねえ……」

と、笑っていたっけ。

お母さん見て。あの小さかった苗が、庭いっぱいに咲いてるよ。

安心してね。私は今日も大丈夫。

秋の庭しごと

軽いクワを愛用中。テコの原理で使います。

秋の森は急に静かになります。にぎやかな虫の声も、鳴き交わす鳥の歌も、時の向こうに消え、耳にささやくのは風が草葉を抜ける音だけ。

ですが、脳内はすでに賑やかな春。来年の春の庭は前年の秋に作ります。私の庭は、広さを生かした花のじゅうたんと、斜面の高低差による視点の違いを楽しむデザイン。同じ花をどっさり植えます。

9月頭から約2か月かけて、球根を植えながら芝生のエッジを切ったり雑草を抜いたり庭の手入れも同時進行で進めます。秋の花を眺めながら、脳内は春のお花畑が満開です。

雪が降り積もる前に球根を植え、草花の手入れをしておくのは、来春の自分へのプレゼント。長い冬に閉じ込められていても、窓から見る雪の庭に、花畑の姿を思い描ければ、心まで凍ることはありません。

上右／カゴいっぱいに球根を入れて毎日少しずつ庭しごと。下／球根を植える時は、宿根草が目印。ミヤマオダマキやゼラニウムの周りに遅咲きスイセンの‘サーウィンストンチャーチル’を植えているので避けて植えていきます。目印を決めると、土の中の球根にスコップを刺して真っ二つにする「事件」は激減中。

この季節の朝晩は、関西の真冬並みに冷え込みます。太陽が照らす日中は温度も上がり心地よく感じますが、それはほんのいっとき。寒がりの私を冷えから守るのが、ナイロン製の農作業着「ヤッケ」です。一般的なピッタリサイズの上下の着こなしに、私はちょっと、ひと工夫。あえて特大サイズの上着に、黒いワンサイズ小さいズボンをはいて、チュニック風に見せています。

草抜きは秋と春！ 雑草を大切にしているわが家ですが、芝生のまわりに宿根草を植えているので、秋によく手入れします。芝生にあたる部分は草丈が高い雑草を抜き、花壇の部分は土を露出させ、草丈を高く保つことで、庭らしい風情を保ちます。

アスターと明日の庭

ユウゼンギクやネバリノギクなどのアスターが咲く庭。

オオバナノエンレイソウ

エゾキケマン

エゾエンゴサク

辛い時こそ夢を描きます。今を喜びに変えるため。

日本は固有種の宝庫です。

当たり前の野山が、じつは奇跡の産物である事を尊く思い、いつか庭を、北海道に自生する素朴な花が自由に咲く景色にしたいと、夢見ています。

しかしカンカン照りと、ガチガチの土を前に、いったん諦め十数年。雑草が土を育て……木々が育ったものの、今度は体力が追いつきません。元気なら10日で終わる木の下の草抜きをもう3年。終わる前にまた生え、仕方ないと笑う日々。完成は全く見えません。

それでも諦めずにいられるのは、こうして花があるからです。生えた花を生かせば花畑が出来るのだと、荒れ地に強いアスター(ノギク)たちが教えてくれました。

大地には環境に合った植物が生えてきます。命が景色を作る過程は、きっと私がコントロールするよりも豊か。

足元には次第に増えてきた森の花。思うように庭しごとができない私ですが、芽吹く命は真っ直ぐに、森や野原に向かっているように思います。

豊かな自然へ向かう草花の伴走者になれたら……、今の私の抱く夢です。

アヤメの種を集める息子と見守る夫。なつかしい子育ての思い出です。

みんなで作る道

わが家は屋外歩行困難な私に合わせ、家と外を木製のスロープでつないでいます。

私は設計と材料発注だけ。製作は夫です。夏から秋までかかる大工事でした。コーヒー片手にぶらっと出ては、手すりにもたれて庭を見渡すと良い心地。洗濯物や布団も干すのにも重宝しています。

庭は、もともと急な土手で3段に分かれた雛壇状で、自然に近い景色を作るために土手を掘って、緩やかにしました。当時幼かった息子と友だちは泥んこ遊びと勘違い！

いっしょにワイワイ遊びながら作業した結果、子どもが一輪車を押して安心して行き交う道が庭じゅうを走ることとなりました。結果的に電動車椅子も足腰が弱った人も、小さな子どもも、みんなで安心して走れる庭となりました。

庭にある道の風景

まさ土の道をつくる

土のままでは、長雨や雪解けでぬかるみスリップするので、まさ土で鋪装しています。厚めに敷いて水をかけるだけで鋪装できる手軽さが魅力!

一方で寒冷地では凍結で浮き上がり割れやすい弱点も。わが家では割れても味が出る「石畳風」や「飛び石風」のデザインにしています。

まさ土の道の風景

10月

in October

木の葉がまるで
花咲くように色はらむ

森が未来の命をはらむ

種よ、根っこよ
幹よ、芽よ

森の庭の四季／10月

- 平均気温…10.7℃
- 最高気温…15.8℃
- 最低気温…5.7℃

日に日に寒さが忍びより、森の木々が黄金や紅色に染まっていきます。
華やかな庭シーズンのフィナーレです。吐く息が白くなる寒い朝夕も、
暖かな配色の紅葉を見ると、その配色に心が温まる秋の終わり。
森からの贈り物を受け取るような心地の私です。

森のハロウィン

街がオレンジのカボチャで明るく彩られるころ、森のわが家は紅葉の真っ盛りです。

日に日に色づく木の葉や草紅葉で十分に庭は賑やかですが、ほんのちょっと手を加えて手づくりのハロウィンを楽しみます。

仮装は子どもたちにお任せしていたけれど、来年からはワンコたちにお任せしようかな？

庭のティータイムとなると、おおはしゃぎのノノとリン。2匹のおかげで森は今日も賑やかです。

左上／100円ショップでかわいいカボチャの小袋を発見。透明のビニール袋に入れて木につるして。
下段右／まるで本物の小人のよう。おいっ子めいっ子の魔法使いです。
→ホオズキのランタンの作り方はp.114へ。

庭じまいの季節

私の暮らす丘は、紅葉の見ごろが10月末。秋たけなわの中、時おり景色に見とれながら、庭の片付けと越冬準備をはじめます。

まだ咲いているバラは、咲かせていると株が体力を消費するので、越冬する力を残すために切り詰めて、ガーデンルームに飾ります。花に水をささず、このままドライフラワーにして、冬の間ずっとガーデンルームを彩ります。

真冬、根雪に包まれた庭の景色は、それはキレイですが、何か月も変わらない単調な世界です。少しでも彩り豊かに過ごすため、今のうちに緑がキレイに残る葉っぱや、松ぼっくり、ツルウメモドキ……身の回りの植物を集めてはガーデンルームに運び込みます。わが家流の冬ごもりの準備です。

「これクリスマスリースに使えるかな?」「お正月飾りも作れるよ?」「いいね、良いアイデア!」と夫婦で盛り上がるひとときです。大半は、何を作るでもなくひと冬を越すけれど、無彩色の雪のなか、彩りのある植物を眺めるだけでも楽しくなります。

庭しごとの道具は仕舞われ、かわりに雪かきスコップがガーデンルームに並びます。外の水道は「水を落とし」ます。水道管に水が入ったままだと、凍結で膨張し水道管が破裂するので、水を勢いよく出したまま栓を閉めて、水道管を空にします。北海道では「水を落とす」と言うんですよ。

秋にやっておくべき細々した仕事はきりなくあります。除雪機の点検……落ち葉焚き……大忙しで過ぎる秋です。

冬着

ワンコもそろそろ衣替え。
セータを着て防寒します。

2頭とも初めて外に出たのが紅葉の頃でした。上がノノ一番下がリン。
中央の写真は成犬のノノと小さなリン。今は2頭同じ位です。大きくなったなあ…。

焚き火

冬、森の庭にあふれるものは落ち葉です。この季節の落ち葉焚きは、我が家の一大イベント!

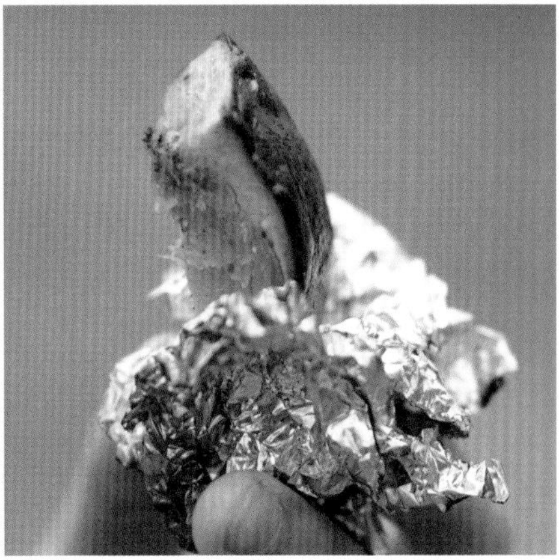

我が家ではサツマイモよりカボチャを焼くのが定番。

11月

in November

おやすみ、おやすみ
草花はみんな
みんな大地の色となり
母なる大地に
帰っていった

おやすみ、おやすみ

森の庭の四季／11月

●平均気温…3.8℃
●日最高気温…8.0℃
●日最低気温…−0.4℃

植物が眠りについた11月、
小さなおしりに白い綿毛をつけた「雪虫」が
群れになってフワフワと舞い、
初雪のお知らせをしてくれます。
雪虫が飛んで2週間くらいで初雪でしょうか。
初雪はたいていすぐにとけて、
また小春日和がもどったり、行きつ戻りつしながら、
ある時を境にひと冬ずっと大地をくるむ
根雪が真冬を連れてきます。

いつでも心に花を描くから私は幸せなんだと思います

この時期、私は小さなマイクロシクラメンを育てています。室内用の球根を植え、冷蔵庫で休眠させて冬に順番に室内へ。冬の焚き日では、コーヒーで暖まります。

雪から守る「冬囲い」

初雪前に雪囲い。私は「極寒で生き残った子（植物）だけでいいの」と言っていたけれど、夫は「かわいそうだよ」と、雪で折れないように1株ずつ縛って、保温のためのムシロを巻いてくれました。きっと夫の心にも花が灯っているのだと思います。

遊び心ある空間作り

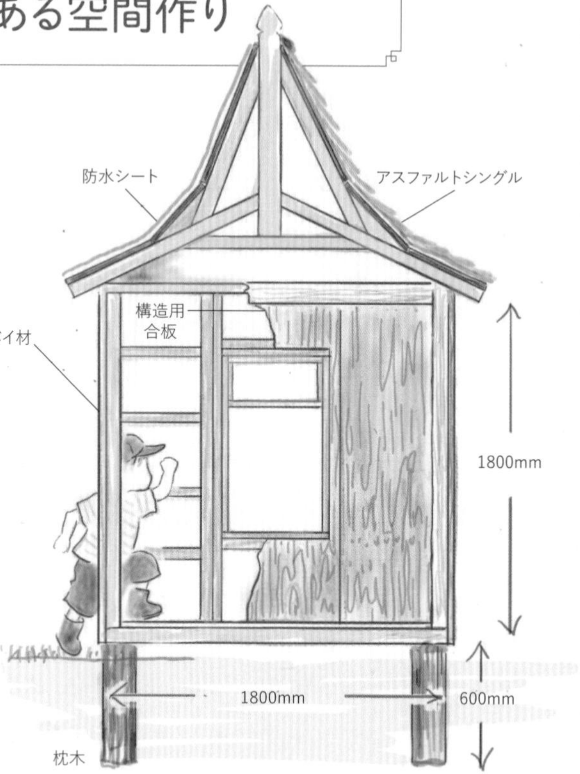

ムーミンハウス

ムーミンハウスは、悩みだった不自然な地形を逆手にとって、シンボルになるような小屋を建てようと、デザインを描き大工さんにお願いしました。

イメ―ジは酪農用のサイロですが、友人がそろって「ムーミンみたい」と言うので、今の名前に。年月と共に灰色にあせて森に馴染み、夢のある空間を演出してくれています。

土地の高低差を利用したすべり台

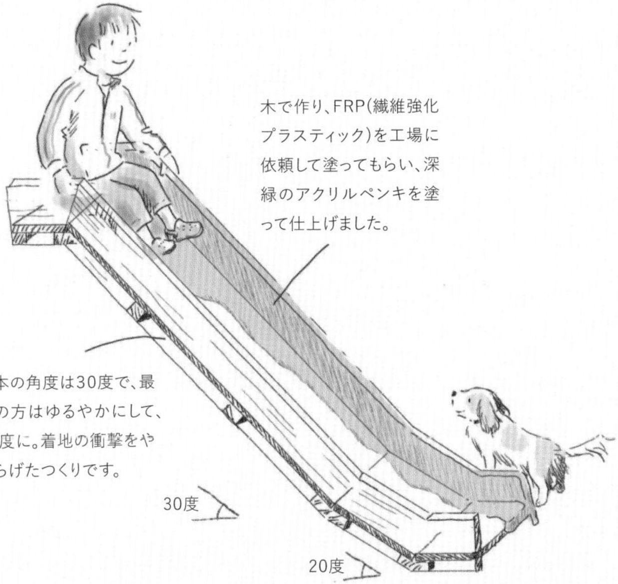

木で作り、FRP(繊維強化プラスティック)を工場に依頼して塗ってもらい、深緑のアクリルペンキを塗って仕上げました。

基本の角度は30度で、最後の方はゆるやかにして、20度に。着地の衝撃をやわらげたつくりです。

2種類の小さな砂場

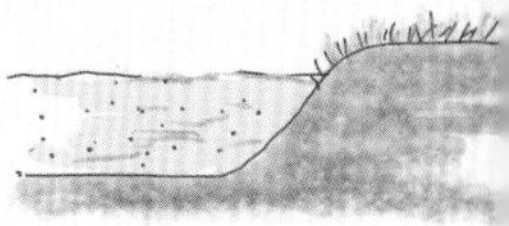

やわらかな芝で砂場を囲って
すべり台の衝撃吸収に!

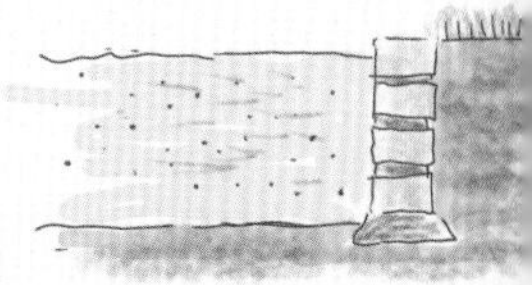

モルタルで固めたレンガを
砂場の縁に。砂遊び用に!

森の庭の毎日／12月・1月・2月

12月

- ●平均気温…−3.1℃
- ●最高気温…0.7℃
- ●最低気温…−7.8℃

1月

- ●平均気温…−6.2℃
- ●最高気温…−1.9℃
- ●最低気温…−11.7℃

2月

- ●平均気温…−5.3℃
- ●最高気温…−0.9℃
- ●最低気温…−11.1℃

12月から3月頭まで、森の家は雪で覆われます。
1月〜2月は最高気温でも零下を下回るのが当たり前。
数メートル先も見えないほどの吹雪に見まわれたり、
空気中の水蒸気すら凍りつく日も珍しくない中、
長い冬が続きます。

12~2月

in December-February

空気も凍る氷の季節
天から純白の雪がふる

大地はまるで
天上の世界

0℃の雪が
温もりとなって
大地の命を包み込む

クリスマス。一年の無事を感謝する季節

クリスマスのメインになるツリーは土手にたくさん生えているトドマツの苗木です。間引きも兼ねてザクザクと何本も刈り取っては何本か束ね、ツリーの形に整えます。

トドマツはマツ科モミ属で、モミ木の仲間です。カリカリのドライになっても緑のまま、なかなか葉っぱを落としません。

まさにエバーグリーン(不屈、永遠)。

作業をすると、モミの木の精油成分がはじけて青々した清涼感あふれる香りが漂い、何とも清々しい心地です。どんより薄暗い11月の気候を振り払うかのよう。

わが家は無宗教ですが、永遠の象徴とも聞くツリーに、家族が寄り添うささやかな幸せが長く続きますようにと、祈りを込めずにはいられません。

ツリーを飾るリビング

1年の庭しごとの喜びに感謝すると共に、結婚記念日であるクリスマスイブを祝うために飾る、トドマツのクリスマスツリー。ほぼ夫婦二人とワンコで過ごす毎日を、あたたかく彩ります。

リース状にキャンドルのおめかし

キャンドルスタンドのまわりを、リース状に飾っておめかし。上の写真の右はアジサイ‘アナベル’、トドマツ、ノイバラ、松ぼっくりで華やかに。左はヒバ、アヤメの種、バラの葉でシックにまとめて。

雪の中の暮らしぶり

道をつくる

自家用車に「排土板」を取り付け、雪を押しのけて、道をつくります。

除雪ができて一人前

「ふき上げ」と呼ばれる小型除雪機。雪を遠くにふき飛ばしながら除雪します。小さな頃から憧れていた息子に扱い方を伝えて任せたのは高校生になった冬。「お母さん、見て!」と明るい声。

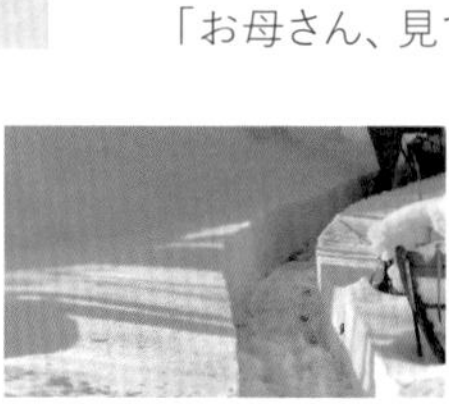

森が育つと共に、自宅はエゾリスのナワバリの中に入りました。それと同時に球根が大好きなエゾリスに困るように。チューリップなんておいしいの？ と疑問ですが、毎年食べているのでおいしいのでしょうね。一回食べてみようかな。

もっと美味しいものがあったら食べないかも？　と設置したのが「エゾリスカフェ」(p.41)です。カフェは大繁盛で、球根の被害も激減しました。

長い冬、かわいい姿に癒やされています。

わが家の雪だるま

子どもが小さい頃、ベビーカーにしていたソリ。時は移り、私の歩行器のかわりになりました（2017年の写真より）。雪だるまは、ソリを安定させて人間の体重をしっかり支える重りです。こんなところにもユーモアを。

バレンタインデーの飾り付け

雪でケーキを作り、ハート型の雪玉を飾って、バレンタインデーを祝います。

家の中では…

マシュマロコーヒーでぽかぽかに。

~3月

in March

真冬から
雪どけまでの半年間
窓辺が私の
ガーデン

幅60cmの窓辺は、冬でも日差しがたっぷり。ここで球根を育てます。

花の色や合わせる小物で雰囲気が一変。窓辺につるすフラワーレイも窓からの光に映えます。
(「インテリアで楽しむフラワーレイ」は、p.112)

北海道の遅い春。クロッカスのつぼみがつんつんと顔を出し、花の季節の到来を告げるのは4月です。

とはいえ、いまだ雪がちらつく事も珍しくなく、庭は昨年末から続く冬の中。それでも道民の多くは分厚い根雪が溶けただけで春を感じて嬉しくなります。

長い冬のあいだ、リビングで唯一南に向いている幅60cmの窓辺が私の庭です。ヒアシンスを育てるのが定番。

窓の向こうの雪のなかで見る緑の芽は、例えようもなく尊く感じ、花を夢見ていそいそと面倒を見るのが、冬の楽しみになっています。

夫と二人「今日も伸びたよー」「見て! つぼみが出てきた!」と声をかけあっては「楽しみだね」と花を見つめるほっこりした時間……。花が咲いたとき、部屋中に広がる香りは例えようもありません。

球根は葉が黄色くなるまで日光を当てながら大事に育ててから、庭におろします。

4月

in April

長い長い冬を超えて
ようやく雪が溶けて
春が来ました

クロッカスが咲いて
春がきたと思っても
また雪が降って
それでも春は一歩一歩
森の庭まで
やって来ます

なんどでも

生きているかぎり、
何回でも春が来るから
いま人生の冬を
生きていたとしても
春を信じて生きていけます

クリスマスイブの婚姻届

クリスマスの時期になると思い出すのが、結婚した頃のこと。病気になったことで、夫との関係も変化していきましたが、いろいろあっても、この時期になると原点に立ち返ることができます。そんな、わたしたち夫婦のことを少し話してみます。

家族になった日

私たちは1998年のクリスマスイブに入籍しました。

幼稚園の同僚だった私達は、歳の差は15歳。同僚といっても私は先生で、夫は事務員。私はアウトドアとファンタジーが好きで、夫は阪神タイガースと特撮ヒーローが大好き。年齢差もあり職種も違い趣味もぜんぜん異なるのに、なぜかお互い素になれました。

話題がなくても、いっしょにいるだけでくつろげる人。「これってすでに家族の感覚じゃない?」と気付いて、そうだ家族になろう……と決めてから1年とちょっと。昼休みに二人で婚姻届を出しました。

届け出そのものは簡潔なのにもかかわらず、同僚が「夫」となった瞬間は鮮烈でした。こうも簡単に、人は家族になれるのか。

それからもうすぐ25年。夫は定年まで働いたあと専業主夫をしています。

病気が生んだ溝

家族の感覚を抱いて結婚した私達でしたが、当然ながら結婚となるとズレも生じます。時代は男性も家事や育児に参加すべしという方向にどんどん流れているのに、夫は「男には無理、気がきかないし…」とのんきに笑うだけ。自分が元気だったらまだ「全くもう」で済んだのですが、病気にかかるとそうもいかなくなりました。

私が動けなくなりはじめた当初、夫の「心配」は「これまでのように家が回らないこと」にありました。

サッと朝ごはんが作れないなら、1時間早く起こしてあげよう……。家が散らかっていたら、「ちょっとヒドイんじゃない?」と諭そう……。

それは夫にとって優しさのつもりだったと後から聞きましたが、私からすると体調が悪く動きたくても動けないときに急かされたり、ダメ出しされたりするわけで、辛さのかさ増しにしかなりませんでした。

幸せなのに、苦しい日々

家族は元気、趣味も生き甲斐もあって、荒れ地は年を経るごとに木々が育ち美しい森になっていく……だれに誉められるわけでもないけれど、満たされるには十分な年月が静かに流れていきました。しかし悲しいことに、幸せが病を軽くするわけではありません。

当時の私は、夫が冷たく無関心に思えました。夫は診断がつかないことから「いつか治るだろう。病気じゃないようだし」と、ノンキに構えていました。「いつか」が訪れないまま、1年……5年……と過ぎていっても、やっぱり夫は変わらずノンキなまま。

けれども私の方はできないことがどんどん増えていきます。病院からもらう薬をふやしても、車椅子などの補装具で補っても、症状の進行は常に先を行ってしまいます。

助けて、といつも心のどこかが叫んでいました。

もう無理だ、もう頑張れない。

そんな時はノンキな夫の存在が重たく感じてなりませんでした。

それでも私がともにあゆむ人生を選んでいる

そのたびに、婚姻届が頭によぎりました。同じように離婚届だってホイホイと受け取ってくれるでしょう。そうすれば私達は他人なのです。

なのに、私は今日もご飯を作って待っています。紙切れ1枚の関係を今日も続けながら、翌日のメニューを考えつつ冷蔵庫の中身を確かめている私は、自ら家族でいる明日を選んでいるのです。

「私ったら……今日も婚姻届を出しているのと、同じことでしょ」

と、クスリと笑わずにはいられませんでした。

あゆんだ日々が実った先

退職した日、家事はせず！ を貫いた夫から「これからは任せて」と言われたときはポカーンとしましたが、夫は「まいにち、楽しいよ」と言いながら丁寧に家事をして暮らしています。

仕事に行っていた時よりも1日が早い、とニコニコ。そんな毎日ももうすぐ1年です。

そうだったなあ…こんなふうに気持ちよく働く姿が好きだったんだ……。私も遠い昔の気持ちを思い出しています。

とはいえ夫も歳をとり、2年前に患った脳梗塞の後遺症もあり、立つときもどっこいしょ…です。

私もいまだにときどき台所に立つけれど、もう夫が頼りにできるような私ではありません。

先日も、病院に行く道すがら、ハンドルを握る夫に「負担じゃない？」と聞いたら、「ぜんぜん」と何食わぬように答えます。

老後の不安はない？　私が重荷じゃない？

「ないわけじゃないんだろうけど……」

なんだろうなあ……と口ごもりながら

「やっぱり『いっしょにいたら楽しい』しか、出てこないんだよなあ…」と、夫はポツリとつぶやきました。

「リス来たよ」と声をかけあい、

「なんでこんなにかわいいんだろう……」といっしょになってバカ丸出しで愛犬を溺愛し……。

お互いが作った料理をおいしいと誉めあって……。

花が咲けば二人で慈しむ。

たぶん今がいちばん、共通の話題がつきない、豊かな時間を過ごしている私達。

……私もいっしょの日々がいちばん楽しいよ。

結婚記念日の星

クリスマスは冬至のころ。古くヨーロッパでは光の復活の意味でお祝いをしたと聞いていて、何度でも初心にかえれるようにと選んだ結婚記念日です。

冬至でも良かったけれど、毎年過ぎてから「あ。きのう、冬至?」なんてことになるから、やっぱりイブで大正解。

クリスマスツリーのてっぺんの星は、ホームセンターで買った安価な品ですが婚姻届を出した日の記念の品。

私たち夫婦にとって、永遠に輝いてほしい幸せの象徴です。

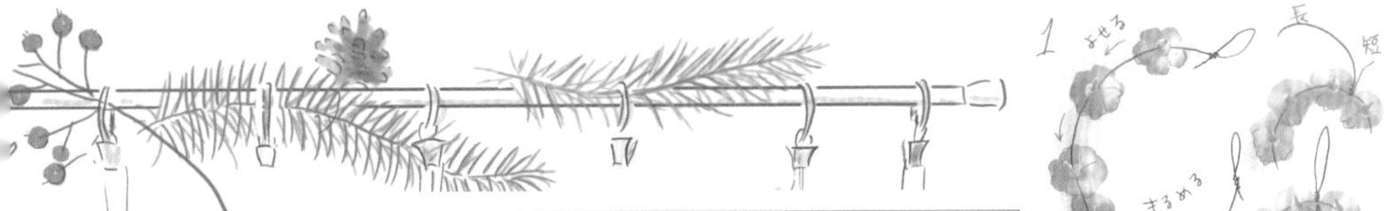

季節の手仕事ブック

写真で紹介してきた、
季節の手仕事を
イラストで紹介します。
北海道の冬は長く、
お家時間はたっぷりあります。
そんなときこそ、暮らしを彩る
手仕事に集中するチャンス。
ぜひ、試してみてください。

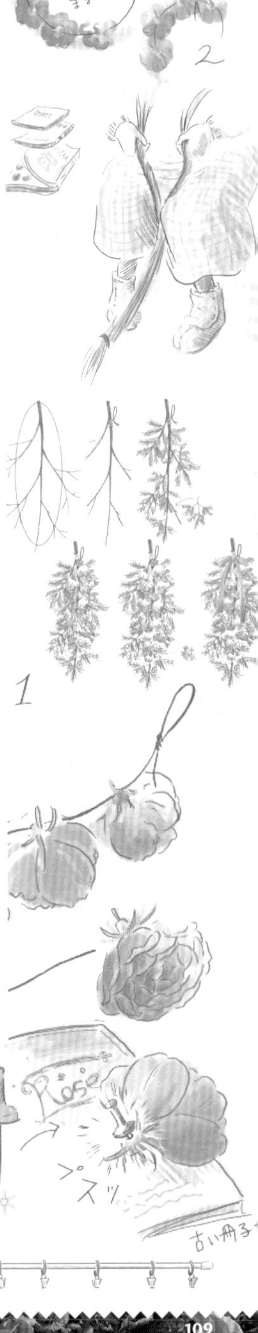

花苗ポットのおめかし

ススキやコケを使って

❶ 秋になったらススキを摘み取ります

ススキを摘み取り、コケも傷つかないよう丁寧に集めます。

❷ 木箱で花を育てます

A4ボックスとトレーに花苗ポットを入れ、ススキやコケで覆うと、窓辺に映えるインテリアが簡単に作れます。

お店で買ってきたポット苗のまま、
寄せ植え気分を気楽に楽しむアイデアです。
木箱に入れたりつるのリースで囲んだり、
おめかしをして飾るのも楽しいですよ。

つるを使って

丸いトレーや鉢皿を用意して、大きさを
合わせてリースを作ります。

←リースの素材は
ブドウなどのつる植物、
ススキなどの草、
市販のラフィアなど自由。
作り方はクルクル
巻き付けるだけです。

←リースを数本重ねると、
中の鉢がザックリ編んだカゴに
入っているように見えます。
とってもナチュラルな
雰囲気が演出できますよ。

インテリアで楽しむフラワーレイ

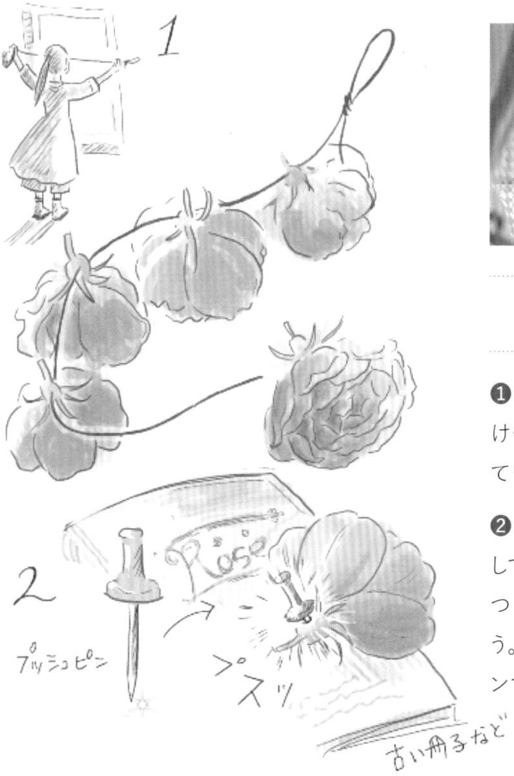

基本のフラワーレイ

❶あらかじめつるすための輪を片方だけ作ってから、飾りたい場所に合わせてワイヤーをカットします。

❷プッシュピンでバラの花の根元を刺して穴を空けます。古雑誌の上など傷つけても大丈夫な場所で作業しましょう。❶でカットしたワイヤーをプッシュピンで空けた穴に通します。

小さな花のフラワーレイ

ワイヤーを通すと壊れてしまいそうな花は、絹糸を通した針で刺していくと良いでしょう。写真の花はヒアシンス。ピンクとブルーの花を交互に繋ぎました。つるしておくと、ドライになり味わいが増します。

レイとは花輪のこと。生花のままつなぎ、
色と香りを楽しむ、インテリアのためのレイです。
さらにモビールにしたりリースにしたり、
いろいろ工夫できます。

香るモビール

レイを枝に取り付けバランスのよい位置にワイヤーを付けたモビールです。香りを楽しみながら、ドライになる過程を楽しめます。

ドライのレイでつくるリース

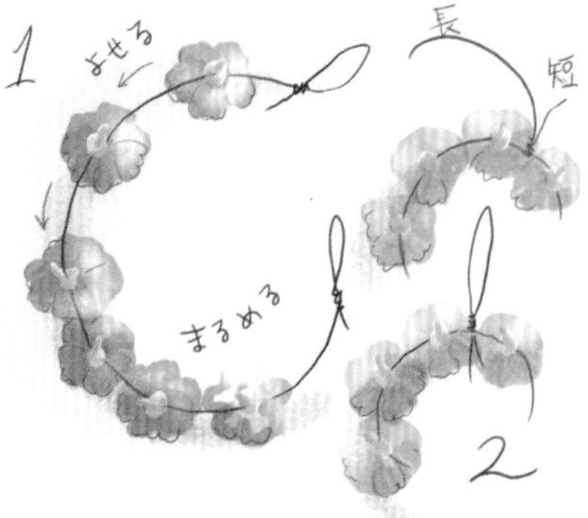

❶乾くと花が小さくなるので、ワイヤーに通したら、隙間がないように花を寄せながら、丸く輪にします。

❷ワイヤーの端は、図のようにつるすための輪を作りましょう。

❸葉はあらかじめ1枚ずつばらして押し葉にし、花の裏にグルーガンや接着剤で貼ります。仕上げに小花やレースを飾ると美しく仕上がります。

←中央にキャンドルを
飾ってもかわいい。
リースは燃えやすいので、
火に気をつけて
くださいね。

ハロウィンはホオズキの
ジャック・オー・ランタンで

なんともユーモラスな表情ですが、一応オバケなので「鬼灯《ほおずき》」と漢字で書いた方がピンとくる？　手のひらサイズの「鬼灯ランタン」は、ホオズキ独特の明るいオレンジ色といい、日の光に透けてランタンのように輝く様子といい、ハロウィンムード満点！ 私のお気に入りです。

↑折り畳み、いちばん外側になる面の裏に両面テープを付けて貼ります。ライトを中に入れる場合は、先に入れましょう。スイッチのオン・オフは貼っていない面を開き操作します。

ライトは100円ショップで購入出来ます。→
さまざまなライトで
自己流にアレンジすると楽しい！

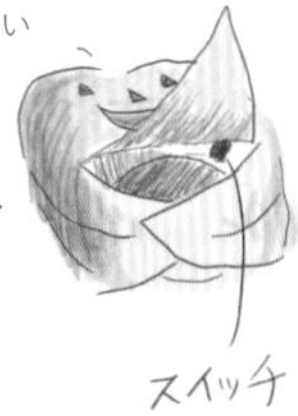

ジャック・オー・ランタン

❶ホオズキを開いて実を取り出す。
❷軽く二つに折って、ハサミで切って、口の部分を切り取る。
❸油性ペンでホオズキに顔を描く。
❹ライトを入れて、両面テープで貼り、ホオズキを閉じる。

❶

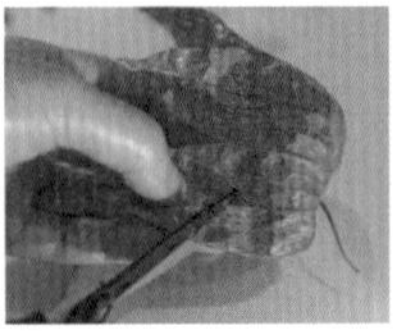
❷

❸

❹

突っ張り棒のガーランド

突っ張り棒に草花を絡めると、窓を素敵に演出できます。
ハロウィンの頃はハロウィンカボチャ、クリスマスが近づくとクリスマスボールと
飾りつけを変えると季節感も演出できますよ。ドライになる花材なら何でもOKです。
刈り込んで庭を整理する秋。お家の中を飾るのが楽しい季節です。

←写真の花材は、
トドマツの小枝、ラムズイヤー、
ワイヤーを巻きつけた松ぼっくり、
各種クリスマスボール。

ガーランド

❶突っ張り棒にカーテンクリップを通す。
❷カーテンクリップではさんだり、クリップの輪にグリーンを通しながら、自由に飾り付ける。突っ張り棒が見えないくらいグリーンを多めに飾ると豪華。

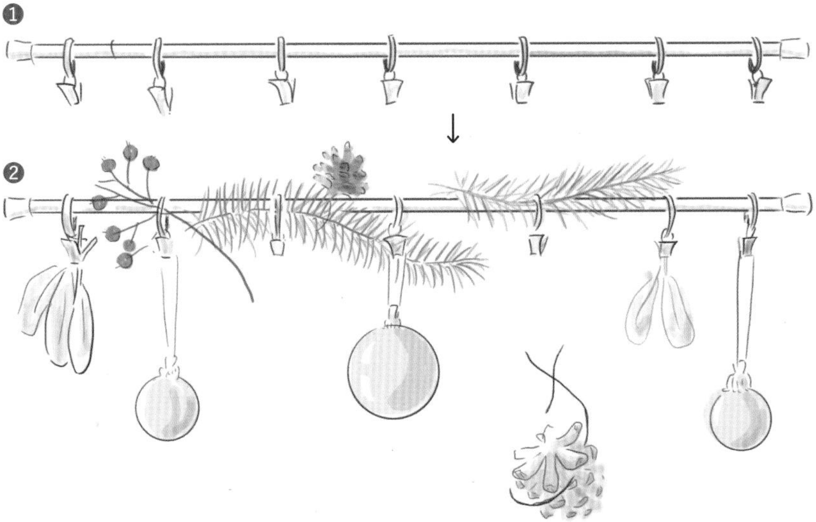

縦長のスワッグ

枝をまとめる

❶木の枝をカットします。枝はなんでもOK。長い枝が無ければ、ワイヤーで土台を作ると好きな形のスワッグが自由に作れます。
❷枝に吊るすために、根元にワイヤーをしっかり結びます。
❸エゾマツやヒバなどの、葉のある小枝をワイヤーで枝に結び付けます。

飾り付ける

❹ポイントとなる大きなドライフラワーをバランスよく配置し、グルーガンや接着剤で貼り付けます。
❺全体を飾り付ける小さな花のドライフラワーも、同じように接着します。
❻仕上げにリボンを結んで、できあがり!

庭の枝や草花で作ったスワッグです。
身の回りの素材を工夫して作品を作ってみませんか？
紹介するドライフラワー以外にも、
クリスマスオーナメントや
松ぼっくりを使っても可愛いですよ。

← ワイヤーでしっかりとめる

木の枝に、モミの葉や飾りを1つずつ、
ワイヤーで縛っていきます。
しっかり結わえるのは大変ですが、
力がなくてユルユルな状態でも、
落ちなければ大丈夫！

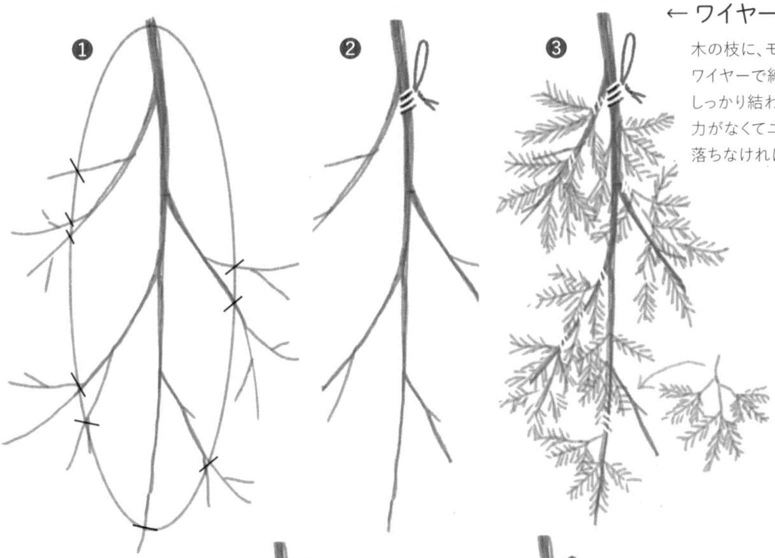

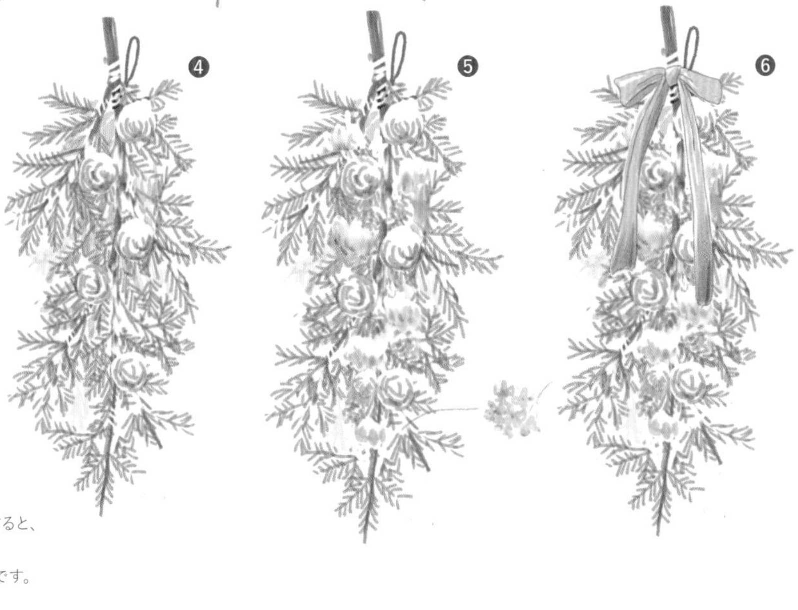

← グルーガンは役に立つ

ドライフラワーは
グルーガンと相性が
よいです。
花の根元部分を糊付けすると、
仕上がりがキレイ。
たっぷりつけるのがコツです。

庭のグラス（草）で縄をなう

ステップ1

干した草を水でぬらす

→種類によっては、濡らさないと千切れてしまうので注意。水を吸い込むとしなやかになり、扱いやすくなります。

ステップ2

まずは細い縄！

←草をひと束手にとって、ピンと張りながら右方向にグルグルとひねります。「より」が強くかかり歪みが出たら、草をしっかり握ったままで両手を近づけます。すると、反対方向にクルクルと回転し、巻きついていきます。

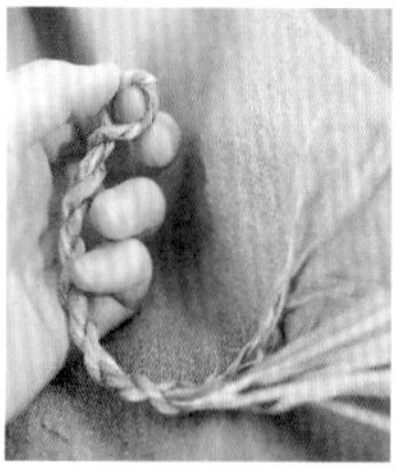

小さな「しめ縄」を手軽に

↑できあがった縄のてっぺんに、端のまだ巻き付いていないフサフサの部分を通すと、小さなしめ縄の完成です。車のミラーなどの小さな場所に。

庭にススキなどのグラス（草）を植えていたら、
枯れたグラスから縄を作れます。難しそうに見えますが、
一度覚えると簡単。慣れると長い縄で籠も編めます。
お庭のグラスで縄作り、ぜひ始めてみて下さい。

ステップ3

少し太い縄に挑戦！

→草の束を足先や膝ではさみます。二束に分け、ひと束ずつ右方向にしっかりひねって「より」をかけ、2本まとめて左にひねると縄が出来ます。

束ねてはさむか
家具などに結わえる

柱や家具に
結わえる

さらに太い縄

うんと太い縄は2人で力を合わせます。右方向にねじり、左に交互に重ねると縄になります。この太い縄で、立派なしめ飾り、ぜひ作ってみて下さいね。

ステップ4

しめ飾りを作る

→わが家で使うのは、クリスマスとほぼ同じ、トドマツ、ローズヒップ、バラなどのドライフラワー、松ぼっくり等。素材はほぼいっしょでも、仕上がりはちゃんと「しめ飾り」。逆に言えば、トドマツなど北方圏の植物が育たない地域でも、庭の素材でしめ飾りに向く素材が集まるのだと思います。ぜひ、地域ごとの「わが家ならではの季節感」を、楽しんでみて下さいね。

※しめ縄を巻く向きは地域や家によって異なります。自分の地域や家はどの向きか確かめてみてくださいね。

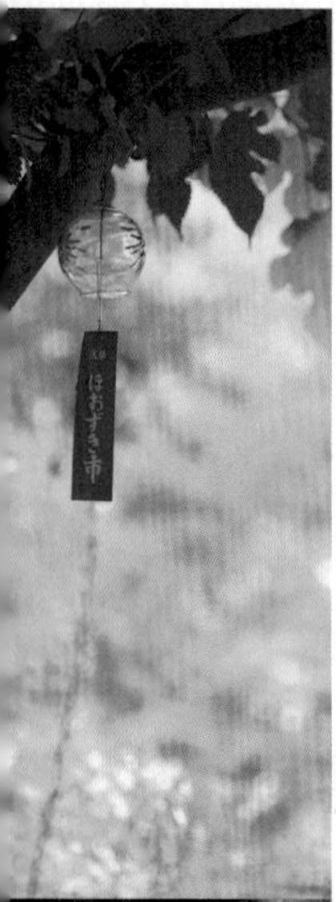

私とNPPV

私は2020年夏から、人工呼吸器を使っています。自分で呼吸できるものの、とても弱くなっているので、呼吸器に助けてもらっている状態です。私が使っているのは「NPPV」（非侵襲的陽圧換気）と呼ばれている、自分の鼻や口から空気を送り込むタイプ。付けたまま会話も食事も出来ますし、花やコーヒーの香りも楽しめます。運動や入浴のときは外し、苦しくなればすぐ付ける、自由な使い方も可能です。一時は本当に辛かったのですが、今は人工呼吸器のおかげで活動的に過ごしています。

私たち家族の判断

人工呼吸器と言えば「延命」のイメージだと思います。命が危ない人が、それでも命をつなぐもの。ずっと付けて生きていく事に対して賛否両論もある医療機器です。

かつては私も、「人工呼吸器を使って生きようとは思わない」と考えていました。

80代ですでに重い認知症を患っていた父に肺ガンも見つかったときも「延命はしない」と即答しました。高齢の父にとって苦しむのが長くなるだけだと考えました。

しかし、その時点ですでに、自分自身がゆっくりと慢性的に呼吸がしにくくなってきており、先生が「いまは良いのがあって……」と人工呼吸器をほのめかすようになっていました。

そんな中での父の「最期」への判断。

命の重さはいっしょなのに、自分自身は人工呼吸器を意識し、父は拒む、なんてあってはならないと思いました。私は使っちゃいけない、このまま耐え抜こう。

「お父さんと、お姉ちゃんは違う」

すぐに、力強く言ってくれたのは妹です。

普段は仕事と子育てで忙しい上に自身の闘病もあり、父との関わりは少なくなりがちだった妹ですが、父の最期が間近と聞くと、大変な合間を縫って飛んできてくれました。同じ父の娘である妹の言葉がなければ、今の私はありません。

難しかった自己判断

それでも、すぐに医療にすがる事は出来ませんでした。情報が少なく、自分の状況が良く分からなかったのです。

私は、肺などの病気はないのに上手く換気ができない換気不全の状態です。肩を上下させるなどの「補助呼吸」によって、それなりに酸素を体に摂り込めても、今度は体力を使い果たし全身が疲労していました。

二酸化炭素が吐ききれず、ひどい頭痛が続き、もうろうとしながらトロトロと眠る事が増え、日にちの感覚もなくなっていきました。なのに、酸素飽和度が必ずしも低くはなかったので、まだ大丈夫だと自分に言い聞かせていました。その一方で「いつまで耐えたらいいのか」と絶望的な思いも膨らんでいきました。

ようやく素直になって

歩けなくなっていく最中は、ガーデニングが最高のリハビリだと信じていました。ですが、換気不全には通用しません。もっと苦しくなるばかりです。

何より辛かったのは、呼吸がままならず、思うように話せない事でした。これまで自分がどれほど何気ない会話や、家族の間のボケ・ツッコミに救われていたか身に染みて分かりました。

「話せない、のは、さびしい」

「身体も、苦しいけれど、心が、辛い」

ちいさな声で、やっと先生に言葉をつないだ私に、経過観察を続けていた脳神経内科の先生は、すぐ詳しい先生に紹介してくださいました。

人工呼吸器と出会う

その先生は穏やかに患者の話に耳を傾けて下さる方でした。

「人工呼吸器」とは一言も言わず「"これ"ちょっと試してみませんか?」とプシューッとひと息吸わせてくれました。

ビックリしました。何という爽快感！ よどんだ汚部屋から飛び出して、外の風に当たったような心地よさ！ 身体の中に新鮮な空気が入ってきたのは久しぶりでした。この呼吸器といっしょなら、私はまだ元気に過ごせると直感しました。
「持って帰って良いのよ」との先生の言葉に「こんな良いものを使わせていただけるなんて！」と感動しながら人工呼吸器といっしょに帰宅しました。
　なんともほがらかな人工呼吸器の導入。医師が「老衰」とつぶやくほど、父が穏やかに天寿を全うしてから、約半年後の事でした。結果として親子ともに「いかに生きるか」を選択できた、恵まれた例になったと感じています。

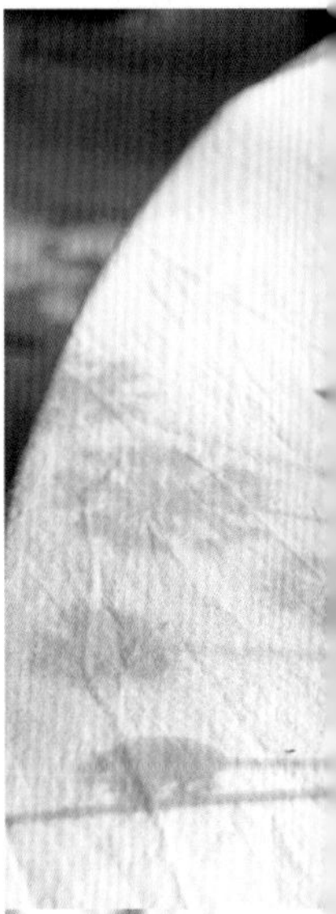

生き生き暮らすための人工呼吸器

　実際に人工呼吸器を毎日使うとなると、アクシデントも不快感も付きまといます。ですが、毎月の通院日で困り事を伝えると、やっぱり病院の方たちは明るくて、
「だったら…こんな感じで使うのはどーお？」
　100均グッズから医療用品まで、あらゆる厳選された「グッズ」が、アイデア付きで提示されます。
「人工呼吸器を使いながらでも、こんなに自由に動けると知ったら、勇気もらえる人が居るんじゃないかな……だからどんどん使って外に出て。応援するよ」
　カッコいい……患者さんの視点に立つ、その新しい考え方がカッコいい……。
　とても言葉では言い尽くせないほど悩み、怯えましたが、延命ではなく「いきいきと生きるための人工呼吸器」と、カッコいい医療者に出会えて自分らしく生きています。

あとがき

はじめに出版のお話をいただいたとき、私は10年越しでようやく診断がついて、心持ち落ち着いた頃でした。

しかし思いもよらなかったことに、2回の入院を経て異なる疾患の可能性が出てきて、私は自分の状況を、自信をもって「病名」を使って語れない状況に逆戻りとなりました。

「何の病気？」に病名で答えることから信頼関係がはじまる社会の中、これまで、不明がもたらすコミュニケーションの困難を、イヤというほど味わってきました。

今の状況で出版のお話を頂いていたら、お断りしたかもしれません。混乱する医療の中「なぜ車椅子のガーデナーになったか」を書くのはとても苦しく、幾度も運命のイタズラを憎みました。

しかし結果として自分がいちばん困ってきたことをお伝えできるチャンスとなり、今は運命に感謝しています。

執筆中、不自由な身体と庭との関連性について考えました。ですが理屈抜きに「自然が好き」しか出てきません。病を得ても、得なくても、私にとって普遍的なことだと思いました。自然と過ごす時間が失われない事で、私のイキイキした人生が続いていると再確認できたのは大きな収穫です。

同時に、本来なら座ることさえままならない私が庭に行けれるのは、先生方をはじめとした医療従事者の方々、医療機器、車椅子、装具などの「必需品」の開発者や私に合わせて調整して下さる方など、多くの専門家の方々が作り支えている現代の医療と技術のおかげだと、自分の幸せを再確認できました。なんと贅沢なことでしょうか。

病気が分からない人、心因性とされる人は私だけではありません。病院をたらい回しになっていた数年前、歴史のある精神科の病院の院長先生からこんなお話をうかがいました。

「ここは社会のゴミ箱です。あなたのように何らかの難病であろう状態でも、ここしか居場所がない方が、何人も入院しておられます。あなたはまだ難病とわかる余地があります。何とか頑張ってください。どうにもならなかった時、ここが最後の砦となって、あなたを人として迎えます」

あえて『社会のゴミ箱』と強い言葉を使う先生には、現状の制度では狭間に落ち、どれだけ困っていても社会から見向きもされない方と、一緒に悲しみ、憤りを感じてきた、温もりがありました。帰宅する時、偶然にも看護師さんが押す車椅子に横たわる方に事務員が駆け寄り、「お散歩？ 今日はいい天気よ?」と明るく声をかける光景が目にとまりました。3人の笑顔に、なぜか涙が溢れました。

何の病気か分からなくても、心の病気のせいで動けなかったとしても、病名や原因で差別する事なく、人道的に支え合える社会であってほしい……と切に願っています。さきの院長先生のように、相手の立場に立って聞き、共感し、励まして下さるだけで十分です。少なくとも私はそうでした。生きる場を失うその日まで、何とか頑張ってみようと思えたことが、どれほど支えになったでしょう。現状の私を支えている身体の病気を示すデータが得られたのは、その後に勇気を出して脳神経内科に通い続けたからこそでした。

どんな人生にも苦悩はあります。誰のどんな苦悩がより大変か、比較に基づいて判断するのは無意味です。私は、難病との比較の下、「不明」なら大した事はないとされる中、しみじみそう思うようになりました。どんな苦悩も苦悩です。私の体験と願いを、あらゆる人が尊ばれる願いの一例として読んでいただけたら幸いです。

また、私は多くのいのちの礎である、土の中の微生物や植物たちの生態系が健やかである事を願っています。きっと万人の願いだと思います。足元に生える一本の雑草も大自然の窓口です。いっしょに愛おしく眺めて下さったら嬉しく思います。

最後になりますが、書籍化という大きなチャンスをくださるとともに、私が自分に向き合っている間、辛抱強く見守りながら、一冊の本にまとめ、世に送り出して下さった、担当編集者の近井様、デザイナーの鍋田哲平様、家の光協会のみなさまに心より感謝申し上げます。

この本を苦楽をともにし支えてくれる家族へ捧げます。

山崎亮子

ゆるふ プロジェクトについて

https://asobinohara.wixsite.com/my-site

私には持病があります。しかし、その病気の正体は今もつかめません。とても希少な症例ということだけが、はっきりしています。2022年、自身の体験から、病名不明・心因性・希少疾患の当事者と支援者の会「ゆるふプロジェクト」を立ち上げました。多くの方に問題を知っていただくとともに、支え合う会に育てていきたいと考えています。関心のある方は、ぜひWebサイトにアクセスしてみてください。

山崎亮子 Ryouko Yamazaki

北海道で家族とともに裏の森へとけこむような花と緑のガーデンを作る。厳しい自然環境でたくましく育つ植物を丹念に観察しながら庭づくりを楽しみ、庭の実りを食卓やインテリアなど暮らしへ豊かに展開し、その様子をガーデニング情報Webサイト「Garden Story」で執筆している。自身の暮らしを描いたやさしいタッチのイラストも人気。「ゆるふプロジェクト」代表を務める。

山崎さんは庭を公開していません。
日々の庭の様子を確認したい方は、
山崎さんのInstagramをご覧ください。
Instagram/@ryouko_yamazaki

文・写真・イラスト／山崎亮子
デザイン／鍋田哲平
校正／ケイズオフィス
DTP／天龍社
編集協力／Garden Story編集部

Webメディア『ガーデンストーリー』は、植物のある心豊かな暮らしを提案するサイト。専門家が監修した多彩なガーデニングのコンテンツを毎日配信中。山崎亮子さんも執筆しています。

GARDEN STORY

いのちのガーデン
北の森で暮らす車椅子のガーデナー

2023年6月20日　第1刷発行
2023年10月20日　第2刷発行

著　者　山崎亮子
発行者　木下春雄
発行所　一般社団法人 家の光協会
〒162-8448
東京都新宿区市谷船河原町11
電話　03-3266-9029（販売）
03-3266-9028（編集）
振替 00150-1-4724
印刷・製本　図書印刷株式会社

ISBN 978-4-259-56765-1 C0061